VERONIKA A. GRAGER

Saupech

KRIMINALROMAN

Der erste Fall für Wiltzing und Schatz

emons:

Bibliografische Information der Deutschen Bibliothek
Die Deutsche Bibliothek verzeichnet diese Publikation
in der Deutschen Nationalbibliografie; detaillierte bibliografische
Daten sind im Internet über http://dnb.d-nb.de abrufbar.

© Hermann-Josef Emons Verlag
Alle Rechte vorbehalten
Umschlagmotiv: fotolia.com/Harald Biebel
Umschlaggestaltung: Tobias Doetsch
Satz: César Satz & Grafik GmbH, Köln
Druck und Bindung: CPI – Clausen & Bosse, Leck
Printed in Germany 2013
ISBN 978-3-95451-073-3
Originalausgabe

Unser Newsletter informiert Sie
regelmäßig über Neues von emons:
Kostenlos bestellen unter
www.emons-verlag.de

Wichtiger Hinweis für Leserinnen und Leser, die des niederösterreichischen Idioms nur bedingt mächtig sind: Im Glossar gibt es Hilfe – das Österreichisch-Deutsch-Wörterbuch ab Seite 201.

Für Manfred
Und alle, die österreichische Krimis lieben!

Cu è surdu, orbu e taci, campa cent' anni 'mpaci.
Wer taub, blind und stumm ist, lebt hundert Jahre in Frieden.
Sizilianisches Sprichwort

1

»Sind Sie sicher, dass niemand mehr im Bus ist?«

»Absolut!« Der resolute Mittdreißiger starrte Agnes an, als hätte sie nicht alle Tassen im Schrank. »Sie können sich ja selbst überzeugen, wenn Sie mir nicht glauben.«

»Aber meine Tante ist heute bei Ihnen mitgefahren, und sie ist nicht zurückgekommen. Können Sie mir das erklären?«

»Vielleicht ist sie woanders ausgestiegen?« Er lächelte nachsichtig.

»Sicher nicht! Tante Leni ist vielleicht alt und ein wenig gehbehindert, aber nicht blöd. Ich habe sie hier in den Bus gesetzt, und sie wusste, dass ich sie hier wieder abhole.«

»Tja«, der Mann zuckte die Achseln, »dann weiß ich auch nicht.«

»Na hören Sie mal, Sie sollten es aber wissen! Oder ist es normal, dass Ihnen unterwegs Ihre Passagiere abhandenkommen?«

»Sind S' vorsichtig mit Ihren Anschuldigungen. Wer weiß schon, was der alten Dame eingefallen ist.«

So wie er Agnes ansah, meinte er »der alten Kuh«.

»Zählen Sie Ihre Fahrgäste nicht ab, bevor Sie weiterfahren?«

»Normalerweise schon. Aber manchmal frage ich auch nur, ob jeder seinen Nachbarn wiederhat.« Er klang beleidigt.

Verantwortungslos, ja, das war er. Oder leichtsinnig. Agnes schluckte.

Ein paar der anderen alten Leute, die an der Fahrt zu einer der letzten Pechereien Mitteleuropas in Hernstein im südlichen Niederösterreich teilgenommen hatten, waren neugierig stehen geblieben, als sie merkten, dass sich hier eine Auseinandersetzung anbahnte.

Agnes wandte sich an die anderen Passagiere.

»Hat jemand von Ihnen auf der Heimfahrt Frau Dürauer gesehen? Die Dame, die ich am Morgen hier abgesetzt habe?«

Einige schüttelten den Kopf, andere schienen nun doch

lieber nach Hause zu gehen, als in eine Sache hineingezogen zu werden, mit der sie nichts zu tun hatten.

»Sie!«, sprach Agnes eine Frau an, die sich eben schnellen Schrittes entfernen wollte. »Wann haben Sie meine Tante zum letzten Mal gesehen?«

»Junge Frau, ich kenn Ihre Tante gar nicht. Ich muss jetzt heim.«

Agnes war frustriert. Keiner wusste, wo Tante Leni abgeblieben war. Keiner wollte sie gesehen haben.

»Vielleicht ist sie noch beim Heurigen, wo wir zum Schluss waren, und hat den Bus versäumt«, setzte der Reiseleiter jetzt noch einen drauf.

»Hören Sie. Wie ich schon sagte, meine Tante ist nicht blöd. Sie hat ein Handy. Wenn sie irgendwo auf der Strecke gestrandet wäre, dann hätte sie mich angerufen. Es muss etwas passiert sein.« Agnes reichte es. »Ich rufe jetzt die Polizei.«

Das war dem Mann von Harrys Busreisen nun doch höchst unangenehm. Ein Teil seines großspurigen Verhaltens bröckelte.

»Können Sie nicht bis morgen warten? Vielleicht klärt sich alles von alleine auf.«

»Und wie? Wenn meine Tante nicht tot oder schwer verletzt irgendwo liegt, dann hätte sie sich schon gemeldet. Und wenn sie wer weiß wo da draußen ist, wo Sie heute mit Ihrem Reisebus waren, dann sollten wir sie schnellstens finden. Oder meinen Sie, eine Nacht im Freien bei Temperaturen von knapp über null sei der Gesundheit einer achtzigjährigen Dame besonders zuträglich?«

Agnes konnte nicht verhindern, dass ihre Stimme leicht hysterisch klang. Aber das war ihr mittlerweile auch egal. Tatsache war, dieser windige Typ von Reiseveranstalter hatte keine Ahnung, wo ihre Tante abgeblieben war. Er konnte nicht einmal sagen, ob sie beim zweiten Halt, dem Mittagessen in einem Landgasthof nahe dem Pechermuseum, überhaupt noch dabei gewesen war. Und wie es schien, war es ihm auch herzlich egal. Für ihn war sie eine unzurechnungsfähige Alte. Und ihre Nichte vermutlich eine hysterische Nocken.

Agnes wählte den Polizeinotruf. Die Dame am Telefon versprach, die nächste verfügbare Funkstreife vorbeizuschicken. »Das kann aber dauern. Heut Nacht ist viel los.«

Die Beamten befragten den Buschauffeur, den Reiseleiter und die wenigen Fahrgäste, die noch geblieben waren, um sich die interessante Entwicklung nicht entgehen zu lassen. Doch es kam nicht mehr heraus als bei Agnes. Eigentlich hatten alle, die sich überhaupt an sie erinnern konnten, Leni Dürauer das letzte Mal gesehen, als sie auf dem Pecherlehrpfad in Richtung Pecherkapelle unterwegs waren. Das war der erste Halt gewesen. Was nicht unbedingt heißen musste, dass sie dort abhandengekommen war. Leni Dürauer war eine bescheidene und unaufdringliche Person.

Die Beamten verlangten von dem arroganten Reiseleiterschnösel eine Liste mit den Namen der Teilnehmer, die der nicht vorlegen konnte. Daher wurde er aufgefordert, sie am nächsten Tag auf die Wachstube zu bringen.

»Haben Sie schon versucht, Ihre Tante auf dem Handy zu erreichen?«, fragte einer der Beamten.

»Selbstverständlich, mehrfach. Aber ich komme immer nur auf die Mobilbox.«

»Gut, Frau Schneider. Wir setzen uns jetzt mit der Polizei vor Ort in Verbindung. Die sollen einen Wagen rausschicken. Vielleicht finden sie Ihre Tante dort, wo die anderen Teilnehmer sie zum letzten Mal gesehen haben. Mehr können wir heute auch nicht tun.«

»Und wenn die sie nicht finden?«

»Dann versuchen wir ihr Handy zu orten. Und wenn das auch nichts bringt, dann starten wir eine groß angelegte Suchaktion.«

Hoffentlich lebte ihre Tante Leni dann noch. Agnes sorgte sich um ihre Tante. Ob es Sinn machte, dorthin zu fahren, wo man sie zuletzt gesehen hatte? Wohl kaum. Sie kannte die Gegend nicht, würde sich im Dunkeln höchstens selbst noch verirren, und wer wusste, ob ihr Handy dort überhaupt Empfang hatte. Und wenn ihre Tante in der Zwischenzeit anrief? Vielleicht war ihr schlecht geworden, und irgendwer hatte sie ins Krankenhaus gebracht.

Bedrückt fuhr Agnes Schneider in ihre Wohnung in Wien-Fünfhaus. Es war nicht gerade hilfreich für sie, dass Anselm seit einer Woche in der Antarktis unterwegs und nicht zu erreichen war. Sie musste warten, bis er von sich aus Kontakt aufnahm. Anselm war ihr fünf Jahre älterer Bruder. Abenteurer und »Privatgelehrter«. So nannte er sich selbst. In Wirklichkeit war er ein Bummelstudent gewesen, der hundert Sachen angefangen, aber nichts fertig gemacht hatte. Jetzt, mit fünfunddreißig, war er nach kurzer Ehe mit einer überdrehten Adeligen geschieden. Die einzigen Souvenirs, die ihm geblieben waren, waren Schulden und ihr Name, den er angenommen hatte. Er nannte sich jetzt Anselm de Bontemps. Was für ein Witz! Und nun hatte er sich auch noch diesen Einsatz am Südpol eingebrockt. Agnes zweifelte, ob er überhaupt eine Ahnung hatte, was ihn dort draußen im Eis erwartete.

Sie schob den Gedanken beiseite. Anselm war alt genug, um zu wissen, was er tat. Und wenn nicht, konnte sie ihm auch nicht helfen.

Sie musste sich jetzt darum kümmern, Tante Leni zu finden.

2

Dorothea Wiltzing war mit ihrem heißen Eisen unterwegs. Ihre Kawasaki war seit ein paar Jahren ihr absoluter Freizeitspaß. Ein nie gekanntes Gefühl der Freude und Freiheit hatte sie von der ersten Ausfahrt an erfüllt, wenn sie mit ihrer Kawa unterwegs war.

Sie wohnte gern in ihrem kleinen Dorf. Markt Buchau lag so wunderschön. Auf einer Hochebene, mit einem Ausblick weit ins Land. Mit den Bergen Hochwechsel, Hohe Wand und Schneeberg in Sichtweite, die bis in den späten Frühling mit Schneehäubchen grüßten. Das Dorf war umgeben von Wiesen, Äckern und Wäldern, und hier war die Natur noch weitestgehend unberührt. Keine Industriebetriebe in der Nähe, wunderbare Luft, gesunde Bäume im Wald. Pflanzen und Tiere, die sonst so gut wie ausgestorben waren, fanden sich hier noch zahlreich. Dorli war auch stolz auf all die alten Bräuche, die ihr früherer Chef, der Altbürgermeister, wieder hatte aufleben lassen. Und doch: Mit ihrem Motorrad konnte sie für Stunden dem kleindörflerischen Mief, der halt auch immer in Gemeinden herrschte, wo jeder mit jedem irgendwie verwandt war, entkommen. Das war für Dorli eine ganz neue Erfahrung und Glück pur gewesen. Bis heute hatte sich daran nichts geändert.

Aber was war das für ein Aufsehen, als die Leute in Buchau mitgekriegt hatten, dass »der Halbstarke«, der da gelegentlich mit Vollvisierhelm durch den Ort brauste, sie auf ihrem Motorrad war. Sie hatte sich anlässlich ihres dreiunddreißigsten Geburtstages einen lang gehegten Traum erfüllt. Eine Kawasaki 750, tiefergelegt und mit einer abgepolsterten Bank. Die Maschine hatte sie sehr günstig erworben von einer jungen Frau, die sie zwar schon zwei Jahre lang besessen hatte, jedoch kaum damit gefahren war. Sie hatte den Motorradschein nur ihrem Freund zuliebe gemacht. Aber sie fürchtete sich vor dem Fahren. Inzwischen war der Freund ihr Exfreund, und sie hatte das ungeliebte Trumm so schnell wie möglich loswerden wollen.

Wochenlang hatte das Thema »Dorli und ihr Motorrad« den Stammtisch beim Kirchenwirt beherrscht. Der Altbürgermeister hatte ihr schmunzelnd so manches berichtet. Die freundlichsten Kommentare waren noch, dass es kein Wunder sei, dass so ein Mannweib keinen Ehemann abkriegte. Als hätte sie einen von denen auch nur mit der Grillzange angefasst! Gerade die Wirtshausbrüder kamen schon gar nicht in Frage. Doch die waren der festen Überzeugung, dass sich jede Frau alle zehn Finger abschlecken konnte, wenn sie sich einen von ihnen angeln könnte. Woher nahmen die nur ihr Selbstbewusstsein?

Den Vogel hatte Vinzenz Kogelbauer abgeschossen, der größte Bauer in der Umgebung.

»Warum spendest des Geld nicht für was Gescheites, wenn du so viel hast? Die Renovierung der Kirchen oder den Ausbau vom Kindergarten? Aber so a Motorradl is do für die Fisch!«

Das sagte der reichste Mann der Gegend, dessen einziger Beitrag zu all den Festen, den Brauchtumsveranstaltungen und der gemeinnützigen Arbeit in der Region aus einem Geschenkkorb als Preis für die Tombola bestand. Und aus seiner Anwesenheit bis in die frühen Morgenstunden. Wo er dann, mit schwerer Zunge, über die Regierung, die EU und die Weiberleut räsonierte. Während Dorothea in ihrer Freizeit für all diese Veranstaltungen unbezahlt und fast rund um die Uhr zur Verfügung stand und überall Hand anlegte, wo dies notwendig war. Und der alte Depp wollte ihr vorschreiben, was sie mit ihrem Geld machen sollte!

»Hör zu, Kogelbauer. Wenn du dich mit einem entsprechenden Beitrag einfindest und einen ordentlichen Anteil an den Sozialdiensten in der Gemeinde übernimmst, dann überleg ich mir das.«

»Frechheit! Ich lass mich doch nit von so an blöden Mensch beleidigen!« Der Kogelbauer sprang stinkwütend auf und stapfte davon.

Der Altbürgermeister bemerkte verdrießlich: »Das wär aber

net notwendig gewesen, Dorli! Der macht uns jetzt sicher wieder jede Menge Schwierigkeiten.«

»Geh, Herr Bürgermeister, vergiss den alten Neidhammel! Beschwert er sich halt wieder bei seine Freund vom Bauernbund oder in der Landwirtschaftskammer. Na und? Wählt dich der Bauernbund oder die Menschen in der Gemeinde?«

Inzwischen waren die meisten Junggesellen verheiratet, selbst die ärgsten Dippelbrüder. Der Kogelbauer war nach wie vor ihr Intimfeind. Und an ihr Bike hatten sich die Dörfler mit der Zeit auch gewöhnt. Sie war halt »die narrische Winzling auf ihrer Maschin'«.

Der Altbürgermeister war schon eine Weile in Pension. Sein Nachfolger, Willibald Kofler, in Dorotheas Augen eine Flasche, stand kurz vor der Wahl. Da es keinen ernst zu nehmenden Gegenkandidaten gab, war zu befürchten, dass der Kofler wirklich gewählt wurde.

Doch daran wollte Dorli jetzt überhaupt nicht denken.

Sie ging die paar Schritte bis zur nächsten Bank und nahm ihren Helm ab. Schüttelte ihr halblanges dunkles Haar aus und strich es mit allen zehn Fingern nach hinten. Feucht! Es war ja auch ziemlich heiß. Dorli zog den Zipp ihrer Motorradjacke zur Hälfte auf. Ah, schon besser. Dann ließ sie sich auf die Bank fallen, streckte ihre leider gar nicht langen Beine von sich und ließ sich zurücksinken. Ihr Blick ging in die Kronen der Föhren. Darüber spannte sich ein unwirklich blauer Himmel. Ein Eichkätzchen sprang von Ast zu Ast, und Dorli lächelte, als das Tier geschäftig hin und her rannte.

Hier »Auf dem Hart«, einer Hochebene zwischen Hernstein und Piesting, lag ein dichter Forst aus Schwarzföhren.

Dorli schloss die Augen. Der Wald hatte zu jeder Jahreszeit einen ganz eigenen, fast betörenden Duft. Jetzt, im Frühjahr, war er besonders intensiv. Dazu hörte man das Knacken der Bockerln, wenn die ersten heißen Sonnenstrahlen die fest geschlossenen Schuppen aufbrachen. Im Hochsommer stellte sich mediterranes Feeling ein, wenn die Hitze brütend über dem Föhrenwald lastete. Im Herbst lag bei Nebel ein Geruch nach

Schwammerln, Moder und ein Hauch von Zyklamen über dem Forst. Wenn es schön und warm war, dann schwang im Duft noch ein Nachhall des Sommers mit.

Ein kurzer Windstoß brachte einen Schwall fauliger Luft mit sich. Verdammt, was konnte hier so stinken? Dorli war mitten im Wald. Hier gab es weder Komposthaufen noch Abfalltonnen. Sie richtete sich auf. Jetzt war es wieder windstill. Der Geruch hatte sich verflüchtigt. Nur ein Hauch davon lag noch in der Luft und wurde allmählich vom Kiefernduft überdeckt. Doch sie vermeinte, ein leises Summen zu hören. Wie von Myriaden von Fliegen. Entschlossen stand sie auf und ging ein paar Schritte in die Richtung, aus der das Geräusch zu kommen schien. Der Gestank wurde schlimmer. Dorli fischte ein Taschentuch aus ihrer Bikerkluft und hielt es vor Mund und Nase.

Das Gesumme und der schlechte Geruch kamen von einer Stelle etwas abseits des Weges. Vielleicht war hier ein Tier verendet. Dorli schob ein paar Zweige zur Seite, die ihr die Sicht verstellten. Als sie sich näherte, die Fliegen in Schwärmen aufstiegen und sie umkreisten, war sie froh, dass sie seit Stunden nichts gegessen hatte. Dorli würgte. Dort lag eine Leiche!

Dorlis Körper signalisierte ihr zweierlei: Ekel und Flucht. Aber sie konnte doch nicht einfach davonfahren! Auch wenn hier jede Hilfe zu spät kam. Sie schlug sich mit der flachen Hand auf die Wangen, um das Blut, das in den Beinen zu versacken drohte, wieder zum Zirkulieren zu bringen. Dann näherte sie sich zögernd dem Ort des Grauens.

Viel konnte sie in dem von Maden wimmelnden Leichnam nicht erkennen. Doch er trug die typische Kluft eines Pechers. Einige Werkzeuge lagen um ihn verstreut. Und eines davon steckte in seinem linken Auge. Auch wenn die Gesichtszüge kaum Rückschlüsse auf das Aussehen des Mannes zu Lebzeiten zuließen, wusste Dorli, dass er kein Unbekannter sein konnte. Sie kannte alle Waldarbeiter aus der Gegend. Mein Gott, was war hier geschehen? Ein Unfall? Ein Mord? Unmöglich. Wer würde denn einen Pecher umbringen?

Dorli hatte genug gesehen. Genug, dass ihr kotzübel war. Steifbeinig ließ sie den Tatort hinter sich. Warum passierte so etwas eigentlich immer ihr? Sie griff nach ihrem Handy. Wählte mit zitternden Fingern den Notruf. Kein Empfang! Sie musste wohl ein Stückchen auf der Straße weiterfahren, bis sie in den Bereich eines Senders kam. Dann konnte sie die Polizei verständigen.

3

Sechs Tage waren seit dem Verschwinden von Tante Leni vergangen, und Agnes hatte nicht einen Mucks von ihr gehört. Mittlerweile war sie sicher, dass ihrer Tante etwas passiert war. Doch was? Und wo? Sie kämpfte die aufsteigenden Tränen nieder. Weinen würde weder ihr noch Tante Leni helfen.

Das Klingeln des Telefons riss sie aus ihrer Lethargie. In der Leitung rauschte und krachte es, sie verstand kein Wort.

»Hallo?«, rief sie. »Tante Leni, bist du's?«

»Ist denn Tante Leni auch in der Antarktis?«, kam plötzlich klar und deutlich die Stimme ihres Bruders.

»Ach, du bist es, Anselm.« Sie befürchtete, das könnte enttäuscht geklungen haben.

»Tja, ich freu mich auch, dich zu hören, Schwesterherz!«, ätzte ihr Bruder. »Ist was mit Tante Leni?«

Agnes seufzte tief. Hatte vermutlich wenig Sinn, es ihrem Bruder zu verschweigen. »Sie ist vor fünf Tagen verschwunden. Kein Lebenszeichen, das Handy nicht ortbar. Die Polizei geht mittlerweile vom Schlimmsten aus.«

»Na, immerhin ist sie einundachtzig geworden. Hast du in den Spitälern in Wien nachgefragt?«

Ein Gemüt wie ein Fleischerhund! Wobei man wahrscheinlich noch den Hund beleidigte. »Sie ist nicht in Wien, sondern bei einem Ausflug in Niederösterreich verschwunden. Und gestern hat man ganz in der Nähe, wo sie …« Ihr versagte die Stimme. Sie nahm einen neuen Anlauf. »Also, gestern haben sie dort in der Nähe eine Leiche gefunden. Von einem alten Mann.«

Das Rauschen in der Leitung kam mit Macht zurück. Agnes hatte große Mühe, ihren Bruder zu verstehen.

»Ich muss … los. Hab nur angerufen … du … es geht … gut. Ich melde … wieder …« Der Rest versank in Knistern und Rauschen. Dann war die Leitung tot.

Wenn man Anselm mal wirklich brauchte, war er am anderen Ende der Welt und unerreichbar. Typisch!

Das Telefon klingelte erneut. Agnes riss den Hörer von der Gabel.

»Anselm?«

»Leider nein. Kriminalpolizei Baden. Mein Name ist Pavlovic.«

Agnes sank auf einen Stuhl. »Haben Sie meine Tante gefunden? Lebt sie noch?«

»Wir haben eine Tote gefunden. Möglicherweise Ihre Tante. Können Sie ins Krankenhaus Baden in die Pathologie kommen? Wir brauchen jemanden, der sie identifiziert.«

Das Zimmer begann sich um Agnes zu drehen. Sie hatte wohl nach dieser langen Zeit damit gerechnet, dass Tante Leni nicht mehr am Leben war. Doch die Hoffnung starb bekanntlich zuletzt. Sie hatte sich immer noch an den Strohhalm geklammert, dass Leni irgendwo im Krankenhaus lag und aus irgendeinem Grund nicht sprechen konnte, die Tasche verloren hatte und niemand wusste, wer sie war.

»Frau Schneider, sind Sie noch dran?«

Agnes schüttelte ihre Benommenheit ab. »Ja, ich komme. Wann soll ich dort sein?«

»So bald wie möglich. Ich erwarte Sie.«

Während der ganzen Fahrt ins Krankenhaus Baden hatte sich Agnes an die Hoffnung geklammert, dass eine andere alte Dame tot aufgefunden worden war. *Das ist nicht recht*, schalt sie sich selbst. Das würde ja bedeuten, dass sie jemand anderem den Tod wünschte. *Bitte lieber Gott, lass mich aufwachen. Das ist sicher nur ein ganz blöder Traum!*

Inspektor Markus Pavlovic nahm Agnes am Eingang des Spitals in Empfang.

»Es tut mir leid, dass ich das sagen muss. Aber egal, ob es Ihre Tante ist oder eine andere alte Dame, machen Sie sich auf etwas gefasst. Es ist heiß gewesen, die letzten Tage, und die Frau lag im Freien. Dementsprechend ist der Zustand der Leiche.

Ich würde Sie daher bitten, sich weniger auf Gesichtszüge zu konzentrieren, die sich sehr verändert haben können, sondern auf typische Merkmale. Muttermale, Narben, Haarfarbe, Kleider.«

»Meine Tante hatte ihre Handtasche, einen Fotoapparat sowie ein Handy bei sich. In ihrer Tasche hatte sie sicher einen Ausweis.«

»Wir haben nichts davon gefunden, obwohl wir die Umgebung akribisch durchkämmt haben. Aber das will gar nichts heißen. Und vielleicht ist es ja auch gar nicht Ihre Tante. Kommen Sie!«

Der Kripomann fasste nach ihrem Arm und zog sie zu einem der Aufzüge. »Die Pathologie ist im Keller.«

Allein der Geruch, der mit jedem Schritt intensiver zu werden schien, verursachte Agnes Übelkeit. Es roch nicht nach Verwesung. Aber die Mischung aus Desinfektionsmittel, einem etwas muffigen Kellergeruch sowie fettigem Küchendunst, die ein eigenartig süßliches Vanillearoma überlagerte, das sich im Mund niederschlug, hob ihren Magen Richtung Kehle und drückte ihren Brustkorb zusammen.

Ein langer Gang, beleuchtet mit dem fahlgelben Licht alter Leuchtstoffröhren, führte zur Pathologie. Der graue Anstrich der Wände bis in Schulterhöhe, der Geruch, das flackernde Licht, wo eine Leuchtstoffröhre wohl eben den Geist aufgab, versetzten Agnes in ein Gefühl der Unwirklichkeit. *Das alles ist nicht real. Das ist ein Gruselfilm aus den fünfziger Jahren. Ich wache gleich auf.*

Doch sie wachte nicht auf. Im Gegenteil. Es folgte ein Alptraum. Inspektor Pavlovic öffnete eine Stahltür an einem Bügel und schob Agnes in den Raum. Dort erwartete sie eine groß gewachsene blonde Frau mit einer modischen Brille auf der Habsburgernase. Sie ergriff Agnes' Hand.

»Helga Rusch, kommen Sie weiter.«

Agnes erfuhr, dass Frau Dr. Rusch die Leiterin der Pathologie in diesem Krankenhaus war. Sie folgte ihr durch einen großen Raum mit Stahltischen, auf denen sich Gott sei Dank keine zerstückelten Leichen befanden, in einen großen Kühlraum, mit gut einem Dutzend Laden an der Wand. Dr. Rusch zog eine heraus, Markus Pavlovic trat neben Agnes, und dann schlug Dr. Rusch das Tuch zurück, das die Leiche bedeckt hatte.

Ungläubig starrte Agnes auf das Bild, das sich ihr bot. Irgendein kranker Witzbold musste eine dick aufgedunsene Frau mit blutverschmierten Haaren und schwarzem Hals in die Kleider ihrer Tante Leni gestopft haben. Doch er hatte vergessen, ihr den Ehering an den Finger zu stecken, die Ohrringe anzulegen und die Halskette, von der sie sich nie trennen würde. Nein, das war nicht Leni Dürauer. Aber die Flecken an den Händen? Die schön manikürten Nägel? *Nein, nein, unmöglich!*

Agnes schüttelte den Kopf. Würgte und bekam weiche Knie. Dr. Rusch schob die Lade in die Wand zurück und schloss die Klappe. Pavlovic führte Agnes in den Vorraum und bat sie, Platz zu nehmen.

»Sind Sie sicher, dass das nicht Ihre Tante ist?«, fragte er und stellte ein Glas Wasser vor sie auf den Tisch.

»Sicher bin ich nicht. Aber sie hätte nie auf ihren Ehering, ihre Halskette oder die Ohrringe verzichtet.«

»Waren das die?« Der Kriminalbeamte legte eine Fotografie vor Agnes auf den Tisch.

Agnes strengte sich an, die Details zu erkennen, doch alles verschwamm hinter einem schwarzen Vorhang, der von außen immer mehr in die Mitte ihres Blickfeldes glitt.

Als sie wieder zu sich kam, saß sie immer noch auf dem Sessel, links und rechts festgehalten von den beiden Personen, die sie nie wieder sehen wollte. Und das Foto mit Tante Lenis Schmuck lag immer noch auf dem verdammten Tisch!

»Können Sie laufen? Oder soll ich einen Rollstuhl besorgen?«, fragte der Polizist.

»Gehen. Gleich.«

Sie taumelte hoch, stürzte durch den Horrorgang, die Stiegen hinauf und ins Freie. Tief sog sie die frische Luft in ihre Lungen. Hinter ihr polterte der Kripomann durch die Tür des Krankenhauses.

»Kommen Sie, wir fahren zur Inspektion. Ich muss Ihnen noch ein paar Fragen stellen.«

Agnes ihm auch. Wer, verdammt noch einmal, hatte einen Grund, ihre Tante so zuzurichten? Oder waren das die Tiere des Waldes gewesen? War Tante Leni eines natürlichen Todes gestorben? Hatte jemand nachgeholfen? Und falls dem so war, wie gedachten sie den Verbrecher zu finden? Ja, sie hatte auch eine Menge Fragen.

4

»Dorli, hast schon g'hört, den Grebenzer Hias habens' gefunden im Wald, tot.«
»Na geh, Lore, was'd net sagst.«
Dorli musterte ihre Schwägerin kühl. Seit sie ihr den Berner Sennenhund Idefix einfach vor die Tür gesetzt hatte, weil ihr Bruder Georg jetzt angeblich auch noch eine Allergie gegen Tierhaare entwickelt hatte, war das Verhältnis zwischen ihnen ein wenig abgekühlt. Seltsamerweise galt die Allergie nicht für die Katzen Glenfiddich und Ballantines. Die durften weiter im Hause ihres Bruders logieren.
»Bist jetzt immer noch beleidigt wegen dem Hundsviech?«
»Nein. Idefix ist ein feiner Hund. Aber es hat halt auch etwas mit Verantwortung zu tun, wenn man sich so ein Tier nimmt. Es dann einfach wieder wegzugeben …«
»Du weißt genau, dass das nicht an mir liegt. Der Schurli mit seinem Asthma –«
»Hör mir bitte auf mit Schurlis eingebildeten Krankheiten! Der Kerl ist einfach ein Hypochonder. Hoffentlich entwickelt er nicht noch eine Allergie gegen Kinder. Lilly und Peter werd ich bestimmt net nehmen!«
»Kannst ganz beruhigt sein. Wenn's so weit kommt, musst du den Georg nehmen. Dann schmeiß i ihn nämlich raus!«
»Eher kommt er ins Tierheim!«
Lore lachte amüsiert. »Daran hab i a schon mal gedacht. Doch im Gegensatz zu den ausg'setzten Viecherln kann er sagen, wo er wohnt.«
»Hm, das ist ein Problem. Falls das je ein Thema wird, müssen wir uns was überlegen. Aber um auf den Hias zurückzukommen: Ich weiß es, ich hab ihn gefunden.«
»Du? Oh Gott! Na, war wohl eh klar. Wer sonst findet hier die Leichen? Der Polizei musst du's schon vor die Tür legen, damit sie drüber stolpern. Das war sicher kein toller Anblick.«

»Das kannst laut sagen. Und erst der Gestank! Wenn ich net schon seit Stunden einen leeren Magen gehabt hätt, hätt ich mir dort die Seele aus dem Leib kotzt.«

»Weiß man schon, woran er gestorben ist?«

»Keine Ahnung. Glaubst, die Polizei bringt mir den Obduktionsbericht vorbei? Aber er hatte einen Pechernagel im Aug stecken. Weißt eh, so ein langer Nagel, mit dem die Pechhäferln gehalten werden. Wenn der tief genug ins Hirn eingedrungen ist, dann kann er daran gestorben sein.«

»Und was sagt die Gretel?«

Grete Grebenzer war die Gattin des Toten. Gut fünfzehn Jahre jünger als Hias. Ein kleines Energiebündel und immer gut aufgelegt. Eine Frau, die ihr Mann auf Händen trug. Und die aus unerfindlichen Gründen keine Abgängigkeitsanzeige erstattet hatte, als er tagelang nicht heimkam.

»Ich weiß es nicht. Aber ich bin grad auf dem Weg zu ihr. Es muss doch einen triftigen Grund dafür geben, dass sie ihn nicht als vermisst gemeldet hat.«

»Ich hoffe immer noch, dass es ein Unfall war. Ich möchte mir net vorstellen, dass wir hier an Mörder unter uns haben.«

»Der Hias rennt sich doch wohl nicht selbst sein Werkzeug ins Aug!« Dorli schüttelte den Kopf. »Das war unter Garantie kein Unfall.«

Lore zog ihre Jacke enger um den Körper. »So ein depperter Wind. Da war's schon so schön und warm, und jetzt ist es wieder so grauslich.«

Dorli verabschiedete sich von Lore, holte Idefix von zu Hause, der schon sehnsüchtig auf sein neues Frauchen wartete, und machte sich mit ihm auf in den Wald. Idefix liebte Wind. Wenn es sein langes, dichtes Fell so richtig durchblies, grunzte er vor Vergnügen und wälzte sich mit heraushängender Zunge in der Wiese. Nur eines liebte er noch mehr: Wind mit Schnee. Da hielt sich Dorlis Begeisterung in engen Grenzen.

Nach einem kurzen Fußmarsch war sie mit dem Hund beim Haus des alten Hias angekommen, das etwas außerhalb von

Buchau lag. Obwohl der Hias schon fast fünfundsechzig Jahre alt gewesen war, im Kreuz bedient vom Schleppen und die Knie steif, hatte er nicht einmal im Traum daran gedacht, auch nur einen Tag vor Erreichen des Regelpensionsalters in den Ruhestand zu treten. Auch das kleine Häuschen war tipptopp beisammen. Er war ein fleißiger, freundlicher Mann gewesen. Gar nicht auszudenken, warum den einer vom Leben zum Tode hätte befördern sollen.

Dorli drückte auf den Klingelknopf. Von drinnen hörte man den Klang eines melodischen Glockenspiels. Nichts rührte sich. War die Gretel am Ende gar nicht daheim? Dorli läutete nochmals. Nichts. Dorli ging am Zaun entlang und spähte durch die Hecke, ob sie Grete irgendwo im Garten erblickte. Nein, Haus und Garten lagen still und verlassen da. Wobei Dorli registrierte, dass der Postkasten rappelvoll war. Hoffentlich war der Grete nicht auch was passiert.

»Komm, Wuffel, die Gretel werden wir morgen noch mal besuchen. Jetzt laufen wir ein Stück.«

Idefix betrachtete sie glücklich, denn sie hatte einen dicken Ast vom Boden aufgehoben, den sie jetzt über ihrem Kopf schwang und plötzlich losließ. Idefix setzte in wilden Sprüngen hinterher.

So sehen glückliche Hunde aus, dachte Dorli. Nicht so wie der Hofhund vom Kogelbauer, der den ganzen Tag an der Kette hing und erst am Abend, wenn alle schlafen gingen, frei im Bauernhof herumlaufen durfte. Ohne menschliche Zuwendung, ohne Spielen, nicht einmal Gassi ging jemand mit dem armen Teufel. Und dann regte sich der Kogelbauer noch auf, wenn der Hund einmal ein Hendl jagte. Selbst den Hundekot räumte keiner weg. Wenn man Kogelbauers Hof betrat, tat man gut daran, aufzupassen, wohin man seine Füße setzte. Das arme Tier. Wo doch kein Bello gerne in den eigenen Garten machte. Aber als Kettenhund hatte der gar keine Wahl.

5

Agnes Schneider saß vor ihrem Computer und brütete vor sich hin. Seit die Leiche ihrer Tante Leni gefunden worden war, waren wieder fünf Tage ins Land gezogen, ohne dass die Polizei irgendeine Spur des Mörders gefunden hatte. Nur dass sie ermordet worden war, das stand mittlerweile zweifelsfrei fest. Jemand hatte ihr mit einem stumpfen Gegenstand auf den Kopf geschlagen und sie dann erwürgt, das hatte die Autopsie ergeben. Der Schlag war von hinten ausgeführt worden, sodass Tante Leni vermutlich das Bewusstsein verloren und keine Möglichkeit gehabt hatte, sich zu wehren oder zu entkommen.

Agnes war nicht bereit, tatenlos zuzusehen, wie die Polizei nichts unternahm. Sie rief sich selbst zur Ordnung und im Internet die Gelben Seiten auf. Dann suchte sie unter dem Titel »Detekteien, private Ermittler« einen Eintrag, der nicht so aussah, als würde ein Tag Detektivarbeit gleich ihren Monatslohn verschlingen. Sie fand etliche Namen und Adressen, die ihren Sitz nicht in einem Nobelbezirk hatten, und griff nach ihrem Handy. Die erste Nummer war besetzt. Bei der zweiten lief ein Tonband, das ihr mitteilte, dass das Büro noch weitere zwei Wochen unbesetzt bleiben würde. Agnes wählte mit verkniffenem Gesicht die dritte Nummer.

»Schatz?«, keuchte eine männliche Stimme ins Telefon.

Verwählt. Agnes tippte die Nummer nochmals ein. Und landete wieder bei »Schatz?«.

»Ich bin nicht Ihr Schatz. Ich suche einen Detektiv. Habe ich eine falsche Nummer?«

»Nein«, keuchte die Stimme, »ich heiße Schatz.«

Ach herrje, das hatte Agnes glatt übersehen. Der hieß wirklich Wolfgang Schatz.

»Ich hoffe, ich störe nicht?«, fragte sie irritiert ob des fortgesetzten Keuchens von der anderen Seite der Leitung. Es klang richtig ungesund.

»Nein. Ich absolviere gerade mein Lauftraining. Sagen Sie mir, was Sie möchten. In der Zwischenzeit …«

Der Typ hustete ausgiebig.

»Entschuldigung. Bis Sie fertig sind, bekomme ich wieder genug Luft zum Sprechen«, stieß er hervor.

Agnes fasste die Geschichte vom Verschwinden ihrer Tante zusammen.

»Was sagt die Polizei?« Die Stimme klang schon etwas sicherer.

»Das ist es ja, nichts. Sie haben keine Spuren und keine Ahnung, was dort im Wald passiert ist. Doch annähernd zur gleichen Zeit ist in derselben Gegend ein Mann ermordet worden. Ich glaube nicht daran, dass zwei Menschen in einem relativ kleinen Umkreis ganz zufällig gleichzeitig zu Tode kommen.«

»Das glaube ich auch nicht. Soll ich mich für Sie ein wenig umhören?«

»Sie sollen den Mörder finden!«

»Sagen Sie mir, wo Sie wohnen. Ich fahre zu Ihnen, und wir besprechen alles Nötige. Oder wollen Sie das lieber bei mir tun?«

»Nein, kommen Sie bitte.«

Agnes nannte ihm ihre Adresse.

»Gut. Es wird aber ein wenig dauern. Denn ich muss nach Hause unter die Dusche und andere Klamotten anziehen.«

Agnes legte das Handy sanft zurück auf ihren Schreibtisch. Verschwendete sie ihr Geld? Nicht, wenn der Kerl etwas von seinem Job verstand. Dann würde er herausfinden, was mit Tante Leni wirklich geschehen war. Und das war sie ihr ganz einfach schuldig.

Ihr Handy läutete. Der Detektiv?

»Haben Sie die Adresse vergessen?«, meldete sich Agnes.

»Schwesterherz, jetzt bin ich aber beleidigt. Jedes Mal, wenn ich anrufe, erwartest du jemand anderen.«

»Anselm! Wo bist du?«

»Wir sind auf der deutschen Station GARS O'Higgins. Aber nur heute. Dann geht es weiter zur Neumayer-Station. Ich muss mich kurz fassen, kann nicht lang reden. Wie geht es Tante Leni?«

Verdammt! Anselm wusste ja noch gar nicht, dass sie tot war. Agnes schluckte.

»Tante Leni ist tot, ermordet«, krächzte sie ins Telefon.

»Scheiße! Wer bringt denn Tante Leni um?«

»Keine Ahnung. Die Polizei weiß es auch nicht. Ich habe heute einen Privatdetektiv engagiert, der es herausfinden soll.«

»Das ist gut.«

Anselm hatte leicht reden. Er bezahlte den Schnüffler ja nicht.

»Und wie geht es dir?«

»Na ja, hier beginnt jetzt der Winter und die ewige Dunkelheit, Temperaturen bis minus siebzig Grad, Schneestürme. Aber ich bin gesund und freue mich auf die Arbeit.«

»Herrgott, Anselm, warum machst du das? Musst du dir irgendwas beweisen?«

»Kann schon sein. Außerdem zahlen sie hier sehr gut. Damit kann ich den Großteil meiner Schulden abstottern. Und du weißt ja selbst, wie's zu Haus auf dem Arbeitsmarkt ausschaut. Also, ich muss aufhören. Halt die Ohren steif, Agi! Die anderen wollen auch alle noch zu Hause anrufen. Ich melde mich wieder bei dir, sobald ich kann. Tschü-üss!«

Bevor Agnes den Gruß erwidern konnte, war die Verbindung unterbrochen. *Mein Gott, Anselm. Du bist mir wieder mal eine echte Hilfe!*

Agnes hatte keine Ahnung, was ihr Bruder in der Antarktis zu suchen hatte. Er war dort für alle möglichen Hilfstätigkeiten zuständig. »Da kommt mir endlich zugute, dass ich so viele verschiedene Interessen habe«, hatte Anselm erklärt.

Endlich etwas, wo man Leute, die hundert Sachen anfangen, aber nichts fertig machen, brauchen kann, dachte Agnes bei sich. Egal, immerhin war Anselm dort momentan in relativer Sicherheit. Dort wurden keine hilflosen alten Damen ermordet. Oder doch, nur dass man es hierzulande nicht erfuhr? Sie seufzte. Irgendwie schien ihr Leben im Moment nur aus Problemen zu bestehen.

Und nur so ganz nebenbei hätte ihr verdammter Bruder jetzt eigentlich heimkommen und ihr zur Seite stehen können! Woran der natürlich gar nicht dachte. Und es wahrscheinlich auch gar nicht konnte, gestand sie sich ein. Er hatte sich für ein volles Jahr verpflichtet.

6

Wolfgang Schatz, von seinen Freunden Lupo genannt, hatte von Agnes Schneider alles erfahren, was sie über den Mord an Leni Dürauer wusste. Er selbst hatte sich auf die Suche nach Informationen über das zweite Mordopfer in der Gegend gemacht und war fündig geworden. Eine Gemeindesekretärin aus der Umgebung hatte einen Waldarbeiter tot aufgefunden. Jetzt war Lupo auf dem Weg zu ihr. Er wollte, dass sie ihm zeigte, wo der Tote gelegen hatte.

Als er seinen altersschwachen Polo vor dem Amtshaus abstellte, pfiff ein strammer Wind über den Parkplatz. Richtig ungemütlich. Er beeilte sich, die wenigen Meter bis zum Eingang möglichst schnell hinter sich zu bringen.

Er klopfte an die Tür mit der Aufschrift »Sekretariat« und trat ein. Drinnen stand eine blonde junge Frau im Durchgang zu einem Nebenraum. Statt einer Frisur trug sie ein Storchennest auf dem Kopf und im Gesicht ein halbes Kilo Verputz. Dazu einen eng anliegenden Pulli mit Ausschnitt bis in die Magengegend, einen Rock, der wohl aus einem zu kleinen Stoffrest geschneidert worden war, denn er endete gerade noch unter dem Rand der Unterwäsche, falls sie so etwas überhaupt trug. Ihre Füße steckten in Schuhen mit Wahnsinnsabsätzen. Die reinen Mordwaffen. Das war die Frau, die den toten Waldarbeiter gefunden hatte? Nie im Leben.

»Hallo, Fremder«, quietschte ihn die Königin von Tussitanien in den höchsten Tönen an, »was führt Sie zu uns?«

»Ich möchte mit der Frau sprechen, die den Herrn Grebenzer gefunden hat.«

»Die Winzling hat heut einen freien Tag.«

Das Interesse der Dorfschönen an ihm war schlagartig erloschen.

»Und wo kann ich sie finden?«

»Na, zu Haus.«

»Und wo ist das?«

Blondchen stöckelte missmutig in seine Richtung. Sie deutete zum Fenster hinaus.

»Wenn S' da draußen nach links gehen, kommen S' nach hundert Metern zu einem winzigen Haus mit Vorgarten. Wenn dort ein Riesenvieh von einem schwarzen Hund sitzt, dann sind S' richtig.«

Sie schnappte sich eine dicke Mappe und verschwand mit wackelndem Hintern in dem Raum, in dessen Türe sie bei seinem Eintritt schon gestanden hatte. Der einzige Schönheitsfehler bestand darin, dass sie auf den hohen Absätzen schwankte wie ein Schiff mit schwerer Schlagseite. Das konnte nicht bequem sein. Und wenn man derart dahinwatschelte wie sie, dann sah es nicht einmal gut aus. Warum taten sich Frauen so etwas an? Er würde die Weiber nie verstehen. Kein Wunder, dass er keine Freundin hatte. Zumindest nie lange.

Das fing ja schon toll an! Hoffentlich war die urlaubende Frau Winzling ein anderes Kaliber als die Wasserstoffblonde mit dem akuten Stoffmangel.

Lupo fand das Haus. Davor stand ein schweres Motorrad, auf das sich eben jemand mit geschlossenem Visier schwang. Hinter dem Zaun stand ein Berner Sennenhund und sandte einen todtraurigen Blick in Richtung fahrbereiter Maschine.

»Guten Tag. Können Sie mir sagen, wo ich Frau Winzling finde?«

Die Gestalt auf dem Motorrad schickte den Hund mit einer Handbewegung zurück zum Haus. Dann wandte sie sich langsam um.

»Kenn i net!«, quetschte sie unfreundlich unter dem Helm hervor, startete die Kawasaki, die röhrend zum Leben erwachte, und rauschte davon.

Der Stimme nach war das eine Frau gewesen! Vielleicht sogar die, die er suchte? Aber warum sprach sie nicht mit ihm? Waren in diesem gottverlassenen Nest alle vertrottelt?

Er bedauerte schon, dass er diesen Fall überhaupt angenommen hatte. Doch ihm blieb keine Wahl. In seiner Kasse herrschte fundamentale Ebbe, er war noch die Miete vom letzten Monat schuldig, und der nächste Erste näherte sich mit Riesenschritten. Er brauchte jeden Auftrag, egal, wie blöd die Umstände waren. Er musste ganz einfach dringend Geld verdienen. Egal, wie.

Unschlüssig schlenderte er über die Straße, wo zwei ältere Frauen bei einer jungen mit Kinderwagen standen und tratschten.

»Können Sie mir sagen, wo ich Frau Winzling finde?«

Die Damen brachen in lautes Lachen aus.

»Haben S' sie das so g'fragt?«, beantwortete eine seine Frage mit einer Gegenfrage.

»Sicher.« Was war so lustig? Die hatten wirklich alle einen Dachschaden. Vermutlich ein Fall von jahrhundertelanger Inzucht.

»Deswegen is die Dorli so abg'rauscht.«

Lupo schüttelte ungläubig den Kopf. »Das war die Frau?«

»Ja.« Eine der erheiterten Damen versuchte ihr Lachen in den Griff zu kriegen, und als sie sich etwas beruhigt hatte, sprach sie weiter. »Sie heißt nicht Winzling, sondern Wiltzing. Und wenn sie jemand Winzling nennt, ist sie einfach nur krampensauer.«

»Aber ... den Namen hat mir die andere Frau auf der Gemeinde genannt!«

»Die mit dem Komposthaufen am Kopf und dem Ausschnitt bis zu den Knien?«

Er nickte.

»Das war Barbara Schöne. Die Trutschen hasst die Dorli. Das hat die sicher absichtlich g'macht!«

Herrgott! Auf was hatte er sich da eingelassen? Die waren wirklich nicht normal.

»So was Blödes! Was mach ich denn jetzt?«, sagte Lupo, mehr zu sich selbst als zu den Frauen.

»Setzen Sie sich beim Kirchenwirt in die Gaststuben. Ist eh fast Mittag. Das Menü ist preiswert und schmeckt gut. Und vom Fenster aus können S' sehen, wann die Dorli zurückkommt.«

Die Idee der jungen Mutter hatte was für sich. Lupo hatte ohnehin das Frühstück sausen lassen. Denn erstens hatte sein Kühlschrank ihm aus fast vollständiger Leere nur einen höhnischen, eisigen Blick spendiert, als er hungrig hineinspähte, und zweitens war Bares Rares im Hause Schatz. Doch von Agnes Schneider hatte er einen Vorschuss erhalten. Damit konnte er sein Loch im Magen vorerst stopfen. Und vielleicht kam in der Zwischenzeit diese Dorli wieder zurück. Besser, als nochmals hundert leere Kilometer hin und zurück herunterzuradeln, mit Spritkosten, die er sich eigentlich auch nicht leisten konnte.

Lupo wählte das Menü und speiste vorzüglich. Doch wer sich nicht blicken ließ, war die harsche Dame auf ihrem Motorrad.

Nachdem Lupo in weiteren eineinhalb Stunden noch drei Kaffee schlückchenweise inhaliert hatte, gab er auf. Er musste wohl an einem anderen Tag wiederkommen.

7

Karl Kinaski rollte die leeren Pechfässer zur linken Seite des Hofes. Dort stapelten sie sich so lange, bis der Haslinger sie abholte. Das war sein Spediteur. Heute hatte er wenigstens mal keinen Bus mit neugierigen Pensionisten, die ihm Löcher in den Bauch fragten, aber bei der Antwort gar nicht richtig zuhörten. Die mit uralten Witzen seinen Vortrag über die Waldarbeit der Pecher störten und manchmal bei der Ankunft schon alles andere als nüchtern waren. Aber – und das musste er auch zugeben – sie brachten gutes Geld. Was die Pensionisten aus seiner Produktpalette mit nach Hause nahmen, bildete einen nicht gerade unerheblichen Anteil am Umsatz.

»War der Pecherhof in der Monarchie Hoflieferant?«, hatte gestern ein älterer Herr, tiefbraun mit weißem Spitzbart und blank poliertem Schädel, gefragt und dabei auf das in die Jahre gekommene Firmenschild gedeutet, auf dem »K & K Harzverwertung« stand.

»Nein, meines Wissens nach nicht. ›K & K‹ steht für Kinaski und Kinaski, Vater und Sohn.«

»Ach so!« Enttäuschung war in der Stimme des Mannes mitgeschwungen.

Eigentlich stand es ja mal für die Kinaski-Brüder, Karl und Klaus. Aber Klaus war vor mehr als zwanzig Jahren einfach abgehauen und hatte ihn mit den Schulden und dem Pecherhof sitzen lassen. Nicht eine Zeile war er ihm in all den Jahren wert gewesen. Karl hatte oft darüber nachgedacht, was wohl der Grund dafür gewesen sein mochte, dass sein Bruder alles liegen und stehen lassen hatte und ohne ein Wort verschwunden war. Vielleicht hatten die Leute ja recht, die meinten, er sei vor der Gundi geflüchtet, die behauptet hatte, von ihm schwanger zu sein, und verlangte, dass er sie heiratete. Als Klaus verschwand, verschwand seltsamerweise auch ihre Schwangerschaft. Angeblich hatte sie aus lauter Kummer das Kind verloren. Vielleicht

war es ja wirklich so gewesen, eher jedoch nicht. Aber die Gundi war schon eine Nummer. Denn kurz darauf hatte sie sich den Sohn des Bürgermeisters geangelt. Mit dem gleichen windigen Trick.
Vielleicht sollt ich mir für meine Kunden doch eine hoffähige G'schicht ausdenken, sinnierte Karl Kinaski. Würde ja keinem wehtun. Und für das Geschäft wäre es vermutlich förderlich. Außerdem sollte er auch erwähnen, dass sie seit Menschengedenken das Kolophonium für die Wiener Symphoniker lieferten. Natürlich auch für andere Orchester. Aber dieses war weit über die Grenzen Österreichs hinaus bekannt. Und seinen Weihrauch bestellte sogar der Vatikan. Die Propolis-Creme war ein Wahnsinn für die Haut, wobei er Propolis von einem Imker in Langebichl bezog. Und seine Waschperlen fürs Gesicht erst! Auch die hartnäckigste Akne verschwand, wenn man statt Seife oder irgendwelcher sauteuren Cremes die Waschperlen benutzte. Aber was nützte das alles, wenn es so wenig Leute wussten?

Er musste mehr Hirnschmalz und mehr Geld in seine Werbung investieren. Die Geschäfte gingen nicht schlecht, aber gut war auch anders. Eigentlich sollte sich Mario, sein Sohn, um die Werbung kümmern. Doch der arbeitete momentan neben seinem Studium an einem anderen wichtigen Projekt. Er befand, dass der Pecherhof gute Aussichten hätte, als UNESCO-Kulturerbe anerkannt zu werden, und werkte in jeder freien Minute an den Unterlagen. Was Mario bisher nebenbei an Vorschlägen für die Werbung präsentiert hatte, davon war Karl nicht gerade angetan:

Für immer jung und schön,
mit Kinaskis Propolis-Creme.

Igitt!

Jung, gesund und schön,
durch Kinaskis Propolis-Creme.

Nicht viel besser.

Du musst richtig ran?
Kinaskis Kiefern-Balsam!

Da kriegte man ja Bauchweh!

Dein Nacken schmerzt bis in den Arm,
da hilft dir Kinaskis Kiefern-Balsam.

Na ja, vielleicht.

Von der Hexe geschossen? Kinaski weiß Rat:
Unser Kiefern-Balsam hilft akkurat.

Schaute noch am besten aus.

Ein Date? Doch Pickel und Akne quälen dich?
Kinaskis Waschperlen retten dein Gesicht.

Mumpf! Wahrscheinlich war er einfach zu alt für solche Sprüche. Blöd nur, dass ihm auch nichts Besseres einfiel.

Karl rollte das letzte Fass auf die linke Seite, wo die anderen leeren Fässer auf ihren Abtransport warteten. Etwas schepperte dumpf gegen die Blechwand. Das war doch gar nicht möglich! Was sollte denn in einem leeren Pechfass herumkullern? Karl Kinaski stemmte das Fass in die Höhe. Selbst leer war das keine Kleinigkeit. Dann holte er ein Stemmeisen und hebelte den Deckel auf. Und traute seinen Augen nicht. Im Fass lag ein Kopf. Da hatte sich sicher jemand einen blöden Scherz erlaubt und eine Faschingsmaske über einen Holzkopf gezogen!

»Oh mein Gott.« Sein Magen krampfte sich schmerzhaft zusammen, als ihm bewusst wurde, dass der Schädel echt sein musste. Von einem Menschen stammte. Er war gut erhalten, eigentlich unversehrt, sah man von der gelben Gesichtsfarbe ab und davon, dass er jemandem abgesäbelt worden war, lange bevor er hierhergelangt war. Wenigstens niemand, den er kannte.

»Was zum Kuckuck …?«, murmelte er. Was sollte er jetzt tun? Voll Panik blickte er sich um. Beobachtete ihn jemand? War der Mörder noch in der Nähe? Blödsinn! Der Kopf und sein Besitzer mussten seit Langem tot sein. Polizei! Er musste die Polizei verständigen.

Schnell ließ er den Deckel wieder auf die Blechtonne fallen und eilte würgend in sein Büro. Er konnte seinen Mageninhalt im letzten Moment daran hindern, das Licht der Freiheit zu erblicken. Er schluckte ein paarmal schwer. Dann nahm er einen langen Zug aus der Schnapsflasche, die ihm der Huberbauer neulich vorbeigebracht hatte. Wischte sich mit dem Ärmel über Mund und Stirn. Danach wählte er die Nummer des Notrufes. In seiner Aufregung landete er bei der Feuerwehr. Verdammt, warum konnte er sich das nie merken, dass die Notrufnummern alphabetisch ansteigend waren? Feuerwehr 122, Polizei 133 und Rettung 144.

Der Mann in der Einsatzzentrale beruhigte ihn. So etwas käme öfter vor, dass jemand in der Aufregung die falsche Nummer erwischte. Er leitete den Anruf einfach weiter.

8

Dorli fasste soeben den »Hirtenbrief« zusammen. So nannte sie bei sich das Pamphlet, das der Bürgermeister jeden Monat auf seine wehrlose Gemeinde losließ. Dabei musste sie sich besonders darauf konzentrieren, dass sie die süffisanten Abwandlungen, die ihr durch den Kopf schossen, nicht zu Papier brachte.

»Der heurige Feuerwehrball war wieder ein voller Erfolg.« Hieß im Klartext: Die meisten waren so sturzbetrunken, dass es einige nicht ins eigene Bett schafften und damit ein Eifersuchts-Roulette ins Drehen brachten. Bei so mancher Familie hing zwei Wochen später immer noch der Haussegen schief.

Nächster Punkt: Der Auftrag für die Kanalsanierung in der Mondscheingasse war an die Firma Schnorrer vergeben worden, weil sie nebenbei für den Sohn des Bürgermeisters einen Swimmingpool von olympischen Ausmaßen baute. Gratis, verstand sich. Verrechnet wurden bestenfalls die Materialkosten. Schreiben musste sie allerdings: »Den Zuschlag erhielt der Niedrigstbieter, die Firma Schnorrer aus Langebichl.«

Ausgerechnet in diesem Moment klappte die Eingangstür. Die Schöne war wieder mal nicht auf ihrem Platz. Vermutlich musste eine Strähne ihrer Heustadlfrisur frisch einzementiert werden. Es blieb Dorli daher nichts anderes übrig, als sich selbst um den Neuankömmling zu kümmern.

Sie blickte kurz auf. Der Besucher war ihr unbekannt, groß, nicht ganz schlank, etwa in ihrem Alter, so um die vierzig, plus/minus ein paar Weihnachten. Er trug schmutzige Hosen und lehmige Schuhe mit schief gelaufenen Absätzen. Dunkles, zu langes Haar, zerrauft und formlos, Dreitagebart oder eher einfach nur unrasiert, die Lederjacke speckig und an einem Ärmel zerrissen.

»Die Anträge für Notstandshilfe liegen dort drüben.«

Sie wies in die Richtung und wandte sich wieder ihrem

Bildschirm zu. Der Mann blieb reglos vor ihr stehen, und sie spürte seinen Blick auf ihrem Gesicht.

»Was?«, raunzte sie ihn ungnädig an.

»Ich suche Frau Wiltzing.«

Herr im Himmel. Konnte der das Formular nicht allein ausfüllen?

»Und warum?«

»Wegen ihres umwerfenden Charmes«, entgegnete der Besucher und nickte grinsend Richtung Namensschild, das sie auf der Brust trug.

Sehr witzig! Das verdammte Ding. Sie hatte vergessen, es abzumontieren, nachdem der Landeshauptmannstellvertreter heute seinen Kurzbesuch in der Gemeinde beendet hatte.

Resigniert wandte sie sich vom Bildschirm ab und dem Besucher zu. »Und was wollen S' wirklich von mir?«

»Ich habe gehört, dass Sie ein affines Verhältnis zu Leichen im Wald pflegen.«

Der Kerl hatte mehr als nur eine Schraube locker. Wer redete denn so?

»Wenn S' damit andeuten wollen, dass ich neulich eine Leiche g'funden habe, dann stimmt das. Ich geb aber keine Interviews.«

»Sehr vernünftig.« Der Kerl grinste schon wieder. Ob sie den Gemeindearzt anrufen und ihm sagen sollte, dass hier ein entsprungener Irrer herumlungerte?

»Ich bin kein Journalist. Mein Name ist Schatz. Privatdetektiv aus Wien.«

Solche Schätze gehörten vergraben. Ohne Hinweis in irgendwelchen Karten, damit sie nicht so bald gefunden wurden.

Dorli schluckte ihren Ärger hinunter. »Und was kann ich für Sie tun?«

»Sie haben einen Toten gefunden. Unweit der Stelle, wo die Tante meiner Auftraggeberin ermordet wurde. Ich glaube nicht an Zufälle, sondern vielmehr, dass beides miteinander zu tun hat.«

Das erste vernünftige Wort aus dem Mund des abgerissenen

Kerls. Die Geschäfte des Herrn Detektiv konnten nicht gerade üppige Erträge abwerfen, so wie der sich kleidete. Oder er legte auf sein Äußeres einfach keinen Wert. Na, wie auch immer. Das war nicht ihr Bier.

»Da gebe ich Ihnen recht. Trotzdem kann ich mir nicht vorstellen, was Sie zu mir führt.«

»Nun, Sie kennen sich in der Gegend aus. Ich dachte, Sie zeigen mir die Stelle, wo Sie den Waldarbeiter gefunden haben. Ich zeige Ihnen, wo die Leiche der Tante meiner Auftraggeberin gelegen ist. Und vielleicht haben wir eine Idee, was dort geschehen sein könnte.«

Dorli konnte sich bei Gott einen vergnüglicheren Zeitvertreib vorstellen, als mit diesem großen Schmuddelkind durch den Wald zu stapfen. Andererseits musste sie heute Nachmittag ohnehin mit Idefix eine größere Gassirunde machen. Vielleicht konnte sie das Angenehme mit dem Unabwendbaren verbinden. Und möglicherweise fiel ihnen ja wirklich etwas auf.

»Um sechzehn Uhr mach ich Schluss. Dann hol ich meinen Hund und wir können aufbrechen, wenn S' solange warten wollen.«

»Danke, sehr freundlich. Ich wart beim Kirchenwirt. Ich hab heute noch nichts gegessen.«

Du meinst wohl, noch keinen hinter die Binde gekippt? Aber das sprach sie selbstverständlich nicht laut aus.

Beim Kirchenwirt war es ziemlich voll und laut. Lupo wurde feindselig gemustert. Doch da er sich an einen Tisch im hinteren Gastraum setzte und das Tagesmenü bestellte, ließ man ihn in Ruhe.

Ihm fiel allerdings auf, dass es in der Gaststube vorne immer lauter und jeder Neuankömmling mit einem schallenden »ochtadochtz'g« begrüßt wurde. Seltsame Bräuche hatten die hier.

Eine Stunde später und früher als erwartet erschien Dorothea Wiltzing. Als sie durch die Gasthaustür trat, wurde auch ihr ein derartiger Gruß entgegengeschmettert.

»Ja, ihr mich auch!«, knurrte sie in Richtung Schank und blickte sich suchend um. Lupo winkte ihr, und sie kam an seinen Tisch.

»Was ist denn da los?«, fragte er und nickte Richtung Vorraum.

»Na was wohl! Heute ist der zwanzigste April, Führers Geburtstag.«

»Häh? Welcher Führer?«

»Mann, leben Sie hinterm Mond? Adolf Hitler natürlich.«

»Die feiern ... den Geburtstag ...?« Lupo war von den Socken. »Und was bedeutet der Gruß ›achtundachtzig‹?«

»Wofür steht der achte Buchstabe im Alphabet?«

Lupo zählte sie an seinen Fingern ab. »A, b, c, d, e, f, g, h. Doppel-H. Und was soll das heißen?«

Dorli blickte ihn zweifelnd an. »Sie haben wirklich keine Ahnung, ha? ›Achtundachtzig‹ steht für ›Heil Hitler‹! Wenn Sie rausschauen, dann sehen Sie, dass die dazu den rechten Arm zum Hitlergruß ausstrecken. Und wenn die in dem Tempo weitersaufen, dann wird's nicht mehr lang dauern, bis die statt ›achtundachtzig‹ auch ›Heil Hitler!‹ schreien.«

»Das ist jetzt aber nicht wahr! Und da schreitet keiner ein? Wo bleibt die Polizei?«

»Die sind doch selber zu gut einem Drittel, wenn nicht mehr, Mitglied in irgendwelchen Altnaziklubs oder in einer der neuen ultrarechten Parteien. Und mehr als die Hälfte des Restes sympathisiert mit denen. Denn die sind gegen Ausländer und für mehr Zucht und Ordnung. Für die rechten Fundis daher automatisch für einen schönen Polizeistaat. Alles klar?«

»Ich fass es nicht! Und Sie, Sie tun auch nichts?«

»Wissen S', ich leb hier. Ich habe eine Stellung bei der Gemeinde. Ich mach nicht mit bei den Radaubrüdern, aber ich kann mich auch nicht offen gegen sie stellen. Sonst bin ich meinen Job los. Und vernünftige Arbeit liegt hier auf dem Land nicht gerade auf der Straße. Also, was sollte ich Ihrer Meinung nach tun?«

»Wenn Sie eine halbwegs gute Ausbildung haben, kann es

doch nicht so schwer sein, einen Job zu finden«, entgegnete Lupo mit finsterem Blick Richtung Gaststube.

»Ich kann Ihnen sagen, was man als Frau mit Matura am Land erreichen kann. Kassierin beim Billa. Wenn Sie flink sind, beim Hofer. Oder Aushilfskellnerin in einem Gasthaus. So schaut's aus. Und selbst mit Hochschulabschluss sind die Chancen nur besser, wenn Sie einen eigenen Betrieb haben.«

Lupo schwieg betreten. So hatte er sich die ländliche Idylle beileibe nicht vorgestellt. Natürlich waren auch in Wien die Rechten in den letzten Jahren immer stärker geworden. Er hatte gedacht, das läge an dem hohen Ausländeranteil in einigen Bezirken. Doch hier gab es so gut wie keine Zuwanderer. Und Frauen mit Matura konnten in Wien auch andere Jobs finden als den einer Kassierin in einem Supermarkt oder der Bedienung im Wirtshaus.

»Klappen S' Ihren Mund wieder zu. Haben Sie schon bezahlt? Wenn nicht, erledigen Sie das unauffällig. Ich hole inzwischen meinen Hund. Wir treffen uns bei mir. Wir müssen ein Stück mit dem Auto fahren.«

Unter dem Gejohle der mittlerweile recht angeheiterten Feierrunde verließ Dorothea Wiltzing hocherhobenen Hauptes das Lokal. Nicht ohne einem besonders anlassigen und ziemlich illuminierten »Geburtstagsgast« den gestreckten Mittelfinger der rechten Hand zu zeigen.

9

»Also, Herr Kinaski, wie war das mit dem Kopf?«
»Wie ich das Fassl für den Abtransport bereitstellen wollt, ist was drin herumkugelt. Hab ich halt reing'schaut. Und da war der Kopf.«
»Kennen Sie den Kopf?«
»Naa, sonst hätt ich den Kopflosen angerufen und g'sagt, dass er sich sein Bluzer bei mir abholen kann.«
»Sehr witzig.«
Bertl Wagner, Gruppeninspektor der nächstgelegenen Polizeiinspektion, war saugrantig. Seit Wochen kam er keine Nacht zum Schlafen, weil seine Frau krank war und das Baby in einem fort schrie. Die halbe Nacht trug er es herum. Und wenn er endlich glaubte, Simon sei eingeschlafen, und ihn zurück in sein Bettchen legte, dauerte es keine fünf Minuten, bis die Schreierei wieder begann. »Das arme Wurmerl. Es kriegt halt Zahnderln«, hatte seine Mutter das Baby bedauert. Mit ihm hatte keiner Mitleid. Dabei robbte er schon am Zahnfleisch daher.
»Also, kennen S' den jetzt oder net?«
»Naa.«
»Und wie ist der Kopf in des Fassl kommen?«
»Woher soll denn i des wissen?«
»So kommen wir nicht weiter, Herr Kinaski. Wer liefert Ihnen die Fässer?«
»Üblicherweise bringt die Spedition Haslinger die vollen Fasseln aus dem Wald und die leeren wieder hin. Manchmal kommen auch welche von der Harzraffinerie. Gelegentlich bringen's die Kunden selbst vorbei.«
»Und könnten Sie jetzt so freundlich sein und nachschauen, wer dieses Fass geliefert hat?«
»Könnte ich, wenn ich wüsste, in welcher Charge es gekommen ist.«

»Und das wissen S' nicht?«

»Na, verehrter Herr Polizist, das waß i net. I kriag alle zwa Wochen a Lieferung rein. Und jede Menge Leut bringen ihre selber vorbei. Die Fasseln schaun alle gleich aus, und nummeriert san's a net. Woher soll i also wissen, wann des mit dem Schädel kommen ist?«

»Und wer befüllt die Fässer?«

»Die Pecher.«

»Aha. Und wer holt die vollen?«

»Kusch.«

»Wie bitte?« Bertl Wagner bekam einen roten Kopf.

»Die Firma Kusch, die Harzraffinerie in Langebichl. Die heißt so. I kann wirklich nix dafür. Die kriegen von mir das Harz und zerlegen es in seine beiden Hauptbestandteile, Terpentinöl und Kolophonium. Das bekomme ich wieder geliefert, und daraus stellen wir hier rund dreißig verschiedene Produkte her. Vom echten Terpentin übers Saupech bis zu den ätherischen Ölen, den diversen Salben und so weiter.«

Bertl Wagner steckte Block und Kuli ein und wandte sich resigniert zum Gehen.

»Na und? Was ist mit dem Schädel? Lassen S' ma den jetzt da?«

»Natürlich nicht. Der Bus mit der Technik und der Pathologe kommen in ein paar Minuten. Wenn die fertig sind, nehmen's den Kopf mit. Ich setz mich nur bis dahin ins Auto.«

»Sie schaun eh total groggy aus«, meinte Karl Kinaski.

»Bin ich auch. Die Frau krank, das Baby kriegt Zähne, jede Nacht drei Stunden Schlaf, Maximum.«

»Ui, des kenn i. Wenn S' wollen, können S' sich drin auf die Bank legen.«

»Danke, geht schon. Im Auto ist es sehr bequem.«

Das stimmte zwar nicht ganz, aber wenn er es sich auf der Couch vom Kinaski gemütlich machte, würde er wahrscheinlich nicht aufwachen, bevor er zwanzig Stunden am Stück gemützt hätte.

10

»Welche Kommandos kennt Idefix?«

Lupo stieg aus Dorlis Wagen und knallte die Türe zu.

»Na die üblichen halt. ›Fuß!‹, ›Sitz!‹, ›Platz!‹, ›Fass!‹, ›Töte!‹ ...«

»Töte?« Schreckgeweitete Augen flitzten von Dorli zum Hund und wieder zurück.

»Na ja, so ganz klappt's noch nicht. Bis jetzt haben wir's nur zu einem Schwerverletzten gebracht.«

»Sie nehmen mich auf den Arm.«

»Nein. Er ist dem Bürgermeister auf den Fuß getreten. Daraufhin ist der eine Woche lang gehatscht.«

»Weichei. Ich mein den Herrn Wichtig.«

»Wen sonst? Immerhin hat Idefix schon einmal einen Gauner gestellt und mit den Zähnen fixiert, bis ich ihn fesseln konnte. Sieht er nicht wie ein echter Killer aus?«

Der Hund saß neben dem Auto im Gras, blickte sanft wie ein Schaf, und die Zunge hing ihm aus dem Maul. Er machte den Eindruck, als würde er sich köstlich amüsieren.

»Der schaut aus wie ein überdimensionaler Plüschhase.«

Dorli konnte sich das Lachen nicht mehr verkneifen. »So benimmt er sich meistens auch.«

»Also, kurz haben Sie mich jetzt schon erschreckt.« Lupo wies auf die Kiefern voraus. »Was ist an diesem Wald hier eigentlich so besonders?«

»Sehen Sie dort drüben die Lachten, Spuren früheren Anpechens?«

Lupo nickte. »Einige schauen ganz frisch aus. Und da hängen Glashäferln drunter.«

»Genau. An einer kleinen Anzahl von Bäumen setzen die letzten Pecher auch heute noch ihre Hacken an und gewinnen in den Pechhäferln das wertvolle Harz der *Pinus nigra*. Das im Sommer in den Häferln gesammelte Rinnpech ist wertvoller als das im Herbst geerntete Scherrpech.«

»Rinnpech, Scherrpech – soll einem normalen Menschen das was sagen?«

»Na ja, ich bin hier aufgewachsen. Da saugt man das mit der Muttermilch ein. Aber unsere Jungen wissen das auch nicht mehr alle. Das Rinnpech ist flüssig, ziemlich rein, und die Bäume müssen alle vier bis sieben Tage neu gehobelt werden, damit wieder Pech fließt. Das heißt, dem Baum wurden wieder neue Wunden zugefügt. Und so geht das durch die ganze Saison. Das war früher eine ziemliche Knochenarbeit, und bis heute hat sich da nicht wesentlich was dran geändert. Der Pecher zog mit seiner bis zu zwanzig Kilo schweren Butte, früher Pittel genannt, von Baum zu Baum und leerte den Inhalt der Behälter hinein.«

»Und was ist eine Butte?« Lupos Blick war ein lebendes Fragezeichen.

»Hm, schwer zu erklären. Das ist ein Tragegefäß für den Rücken, wie es auch die Winzer zur Traubenernte benutzen. Aber nicht aus Weidengeflecht, sondern aus Vollholz. Sonst würde das Pech ausrinnen.«

»Verstehe. Aber wie kamen die dort rauf?« Lupo zeigte auf eine Stelle, wo das Pechhäferl weit oben hing.

»Da musste der Arbeiter auf die Leiter. Oft mehrere hundert Mal am Tag. Dann wurde mit dem Pechlöffel noch der Rest herausgeholt. War die Pittel voll, kam der Inhalt ins Pechfass, das halb im Waldboden versenkt war.«

»Wofür denn das?«

»Erstens konnte das Fassl dann nicht davonrollen, zweitens war das Pech dadurch relativ kühl gelagert. Die Fässer hatten ein Gewicht von bis zu zweihundert Kilo und wurden, wenn sie voll waren, abgeholt und zu Sammelplätzen gebracht. Früher mit Pferdefuhrwerken, später mit Lastwagen. Und von dort wurden sie dann in die Raffinerie transportiert.«

»Wie viele Bäume haben die Pecher denn so behandelt?«

»Im Schnitt hatte jeder Pecher an die dreitausend Föhren pro Saison.«

»Beachtlich. Und wie oft haben die die Häferln geleert?«

»Zwischen April und Oktober vier, fünf Mal.«

»Rumsdi! Die Kerle müssen ganz schön kräftige Burschen gewesen sein.«

»Allerdings. Denn damit sie auf die hohen Bäume raufkommen konnten, hat jeder auch noch seine bis zu sechs Meter lange Leiter mitgeschleppt.«

»Ich kann mir lebhaft vorstellen, warum das heut keiner mehr macht! Und was ist jetzt das Scherrpech?«

»Das ist der letzte Rest im Herbst. Das ist schon relativ fest, oft stark verunreinigt mit Insekten, Blättern und Nadeln und muss halt abgeschert werden, daher der Name. Das Zeug wurde mit einer speziellen Schürze aufgefangen, kam ebenso in Fässer, wurde festgestampft und auch in die Raffinerie befördert. Piesting war vom Mittelalter bis zum Anfang der zweiten Hälfte des 20. Jahrhunderts ein Mittelpunkt der Harzgewinnung in Österreich. Die Harzgenossenschaft war jahrzehntelang Arbeitgeber für viele Harzbauern, Pechhacker und Pechsieder.«

»Und was macht man aus dem Zeug?«

»Man trennt Terpentin von den festen Bestandteilen und macht daraus in weiteren Verarbeitungsschritten Firnis, spezielle Lacke, Saupech, Kolophonium, Leim, Kosmetikprodukte, Heilsalben, ätherische Öle.«

»Aber wieso nur bei so wenigen Bäumen?«

»Werden vielleicht irgendwann wieder mehr. Heute wird das fast alles künstlich und viel billiger aus Erdölderivaten erzeugt. Aber wenn das Öl weniger wird und die Ölpreise weiter so steigen, wer weiß? Vielleicht wird die Pecherei in ein paar Jahren wieder ein aufstrebender Berufszweig.«

»Und die Infrastruktur? Wohin ist das alles verschwunden?«

»Tja, die Harzgenossenschaft in Piesting gelangte noch einmal kurz zu trauriger Berühmtheit, als klar wurde, dass Udo Proksch in ihrer Niederlassung in Pottenstein seine ›wertvollen Maschinenteile‹ aus Altteilen und Schrottmaschinen zusammengeschustert, umlackiert und gelagert hatte, die er später mit der ›Lucona‹ samt Mann und Maus auf den Meeresgrund schickte, um die Versicherungssumme zu lukrieren. Kurz nach

Anbruch des neuen Jahrtausends wurden dann die letzten Produktionshallen geschliffen. Heute erinnert nur noch der Pecherhof der Kinaski-Brüder in Hernstein an die hohe Zeit der Pechgewinnung. Und der Kusch, ein kleiner Pechsieder in Langebichl, betreibt die letzte Harzraffinerie.«

Mittlerweile waren sie ein gutes Stück auf dem Waldweg vorangekommen. Als sie aufgebrochen waren, war es sonnig und warm gewesen. Nun lugte die Sonne nur mehr zeitweilig zwischen den Wolken hervor, und ein unangenehm kalter Wind war aufgekommen. Dorli zeigte nach links.

»Dahinten hab ich den Hias gefunden. Der ist auch genau da umbracht worden. Wo hat die Polizei die Frau Dürauer aufgeklaubt, Herr Schatz?«

»Könnten S' bitte Lupo zu mir sagen? Also. Da ist der Weg, dort drüben die Pecherkapelle. Von dort aus noch ungefähr dreihundert Meter und dann ein ganzes Stück in den Wald rein. Das sind Luftlinie vielleicht fünfhundert Meter.«

Die Pecherkapelle hieß eigentlich Vinzenzkapelle, nach dem Schutzheiligen der Pecher. Ein moderner Bau aus Holz und Glas, zum Himmel offen, als Symbol für die Verbundenheit mit der Natur. Dorli war einmal mehr angetan von den klaren Linien und der schlichten Schönheit des Baus. Doch deswegen war sie nicht hier.

»Dann könnte die Frau Dürauer – rein theoretisch gesprochen – den Mörder des Hias überrascht haben.«

»Und als sie weglaufen wollte, hat sie der Mörder von hinten niedergeschlagen und dann erwürgt. Dass sie nicht sehr gut zu Fuß war, hat ihre Nichte bestätigt. Die Frau hätte keine Chance gehabt, wenn es so gewesen wär!«

»Vielleicht war sie sogar näher. Ich kann mir nämlich nicht vorstellen, dass eine Frau, die schlecht zu Fuß ist, abseits vom Weg durchs Unterholz dahinstapft. Was meinen Sie, Lupo?«

»Dann sollten wir den Wegrand links und rechts absuchen. Nehmen Sie die linke Seite und ich die Seite mit der Kapelle.«

Dorothea warf Idefix einen dicken Ast, worauf der in langen Sätzen davonstob. Danach unterzog sie ihre Seite des Weges einer genauen Prüfung. Nach einem schmalen Wiesenstreifen verlief ein Graben entlang der Straße, etwa einen halben Meter tief. Sie schritt die gesamte Länge ab, ohne irgendetwas Auffälliges entdeckt zu haben.

»Schon was gefunden, Frau Winz... äh, Wiltzing?«
»Na. Und könnten S' vielleicht Dorli zu mir sagen?«
»Liebend gern!«

So viel Begeisterung war ihr auch wieder nicht recht. Sie wollte nur das verdammte »Winzling« nicht mehr von ihm hören.

»Ich geh den Weg retour, nur ein, zwei Meter weiter drinnen im Wald. Machen Sie das auf Ihrer Seite auch?«

Lupo nickte.

Plötzlich entdeckte Dorli aus den Augenwinkeln ein helles Aufblitzen. Als sie genauer hinsah, bemerkte sie nur altes Laub in dem Graben neben der Straße. Sie beugte sich hinunter zu einem Häufchen brauner Blätter. Nichts. Doch als sie einen Schritt beiseite trat und die Sonne wieder auf die Stelle schien, glänzte es erneut silbrig. Sie ging in die Hocke, schob ein paar Nadeln und Blätter beiseite, und da lag es. Ein silbernes Nokia-Telefon. Dorli kramte ein Sackerl fürs Gackerl aus ihrer Jackentasche und nahm das Handy damit vorsichtig auf.

»Lupo! Kommen Sie her.«
Er eilte herbei.
»Lassen S' sehen.«

Er nahm ihr das Mobiltelefon aus der Hand und drückte auf den Einschaltknopf. Das Handy blieb tot.

»Wenn das schon so lang da liegt, ist sicher der Akku leer. Wir müssen's erst laden.«

Dorli musterte, während sie sprach, intensiv den Boden der Umgebung.

»Suchen Sie was?«
»Sicher. Wenn das Handy hier auftaucht, mit dem die alte Dame vermutlich gerade die Polizei anrufen wollte, dann muss unser Mörder sie hier in der Gegend niedergeschlagen haben. Weit kann sie mit ihrer Gehbehinderung nicht gekommen sein.«

»Richtig. Suchen wir nach Spuren.« Lupo kreiste und musterte ebenfalls die Umgebung.

»Sie zertrampeln im Moment eher welche, falls nach zwei Wochen überhaupt noch welche vorhanden wären.«

Lupo blieb abrupt stehen und ließ nur mehr seine Blicke schweifen. »Was ist das dort drüben? Da hängt irgendwas an dem kleinen Strauch.«

Sie umgingen den möglichen Tatort weiträumig, und als sie zu dem Busch gelangten, sah Dorli, dass es sich um ein winziges Fetzerl Stoff handelte. Der Typ hatte unglaublich gute Augen. Sie hätte das Stück Stoff glatt übersehen, obwohl sie nach dem Handyfund die Umgebung mit Argusaugen abgesucht hatte.

»Wissen Sie, was die alte Dame trug, als sie verschwand?«

Lupo schüttelte den Kopf. »Keinen blassen Schimmer. Aber ich werde ihre Nichte fragen. Auch wegen des Telefons. Und wenn die Frau ein graues Kleid anhatte und dieses Handy ihr gehörte, dann müssen wir die Polizei hierherschicken.«

»Das tun wir besser gleich. Denn für heute Nacht ist wieder Regen angesagt. Ich rufe die hiesige Inspektion an. Allerdings müssen wir ein Stück zurücklaufen. Hier gibt es keinen Empfang. Wie ich den Hias g'funden hab, musste ich auch erst eine Stelle suchen, wo ein Sendemast in Reichweite war.«

»Hm. Das würde erklären, warum die Polizei das Handy nicht orten konnte.«

Dorli nickte. »So ist es.«

Sie mussten fast bis zum Auto zurückgehen. Dorli wählte, und als sich Bertl Wagner meldete, ihr alter Schulfreund, und sie ihren Namen nannte, schrie er in den Hörer: »Net, Dorli, sag net, du hast schon wieder an Toten g'funden!«

Ärgerlich knurrte sie ihn an. »Keine Leich. Aber die Spuren, die möglicherweise den Mord am Hias und der Frau Dürauer aus der Stadt in einem ganz anderen Licht erscheinen lassen. Und die ihr nicht gefunden habt's.«

»Und was soll das jetzt heißen, Dorli?«

»Hier liegt ein silbernes Handy, und an einem Strauch hängt ein Fetzen von einem grauen Stoff. Und das vielleicht hundert

Meter von der Stell, wo der Hias umbracht worden ist. Und hier war angeblich das Spurensicherungsteam? Ich kann's net glauben!«

Zehn Minuten später rauschte Bertl mit einem jungen Kollegen heran.

»Und wer ist der?« Er deutete auf Lupo.

»Ein Privatdetektiv, den die Nichte der Frau Dürauer engagiert hat.«

»Des a no! Der is ma no abgangen!«, murrte Bertl ziemlich ungehalten.

»Angenehm, ich freu mich auch, Sie kennenzulernen«, erwiderte Lupo siebensüß. In diesem Moment war er Dorli zum ersten Mal richtig sympathisch.

Bertl zog ein Gesicht, als hätte er Zahnweh.

»Was für eine Scheiße! Gerald, ruf Dornröschen an. Der soll seinen Arsch in Bewegung setzen, aber dalli!«

11

Seine frühesten Erinnerungen waren die wilden Streits seiner Eltern. Und meistens ging es dabei um ihn. Vater wollte einen harten Burschen zum Sohn, Mutter schrie, er sei doch noch ein kleines Kind. Danach war der Vater noch wütender als sonst, und Mutter sprach tagelang kein Wort mit ihm.

An diesem besonderen Tag, an den er sich immer noch erinnerte, als wäre es gestern gewesen, lehrte ihn sein Vater zu gehorchen. Er sollte ein Huhn mit der Axt schlachten und ausnehmen. Er entgegnete, dass er das nicht könne. Da nahm sein Vater einen Hammer und schlug ihm damit auf den kleinen Finger seiner linken Hand. Er heulte auf. »Du wirst das Viech schlachten, oder der nächste Finger is dran. Und wenn alle Finger gebrochen sind, und das Viech is immer no net tot, dann hast ja no a paar Zehen.«

Er schüttelte den Kopf. Sprechen konnte er nicht. Sein Mund war trocken, seine Augen tränenblind. Der Vater riss seine Hand an sich, legte sie auf den Schlachtblock und schlug erneut zu. Der Ringfinger platzte unter der Wucht des Schlages an der Spitze auf.

»Mama«, wimmerte er. Doch die konnte ihn nicht hören. Die war mit seiner Schwester in die Stadt gefahren.

»Wird's bald?« Der Vater hob erneut den Hammer.

»Ich kann des net!«, schrie er. Da sauste der Hammer nieder und brach ihm den Mittelfinger.

Rasende Wut durchströmte ihn und verlieh ihm Kraft, die er nie in sich vermutet hätte. Er nahm die Axt in die rechte Hand. Schielte verstohlen unter den gesenkten Lidern zu seinem Vater. Am liebsten hätte er ihm die Axt auf den Kopf gehauen, doch er war zu groß für ihn. Er packte mit der verletzten Hand den Hals des Huhns und schlug zu. Er brauchte drei Schläge, bis er richtig traf. Das Huhn zappelte und gackerte in Todesangst. Dann rollte der Kopf davon, und der Körper fiel zu Boden, rappelte sich auf und lief noch ein paar Meter, bevor er zuckend auf die Erde fiel und schließlich still dalag. »Des san die Nerven. Es spürt nix mehr.«

Das war ihm egal. Er zitterte. Das Beil fiel aus seiner Hand, traf den großen Zeh. Er spürte es kaum.

»Braver Bua. Wenn's die Mama g'rupft hat, nimmst das Hendl aus. Da graust's der Mama. Und falls wer fragt, du hast di selber auf d' Hand g'haut. Is des klar? Sonst ...«

Er nickte. Er hatte endlich einmal etwas geschafft, was sein Vater von ihm wollte. Er hatte getötet. Er war ein Held. Er war fünf Jahre alt.

12

»Woher hätten wir denn wissen sollen, dass da hiebei noch a Leich liegt?«, quengelte Dornross, der Leiter der Spurensicherung NÖ Süd. »Wieso sagt uns denn keiner was? Wie soll man da seine Arbeit anständig erledigen? Los jetzt. Husch, husch!«, scheuchte er seine mitgebrachte Truppe ins Unterholz.

Weil Dornross ein androgyner Typ war und dazu noch eine rechte Dramaqueen, nannte ihn jeder in der Region Dornröschen. Er war klein, drahtig, und beim Sprechen wippte er von den Zehenspitzen auf die Fersen und wieder zurück. Dazu bewegte er unablässig Arme und Hände. Seine Bewegungen hatten etwas von einer gereizten Kobra in Personalunion mit einem Tangotänzer.

»Ist er vom anderen Ufer?«, raunte Lupo Dorli ins Ohr.

»Keine Ahnung. Sein Liebesleben interessiert mich ungefähr so brennend wie die Frage, ob es den Mann im Mond wirklich gibt. Aber Sie können sich gern bei ihm erkundigen.« Dorli grinste hinterhältig.

»Ihr hättet es nicht wissen sollen, ihr hättet die Spuren ein paar Meter neben der Leiche finden müssen!«, giftete Bertl Wagner Dornröschen an. Nach dem Einsatz beim Kinaski war er immer noch grantig, müde und voll Sehnsucht nach einem warmen, weichen Bett. »Habt's ihr denn net nach Spuren g'sucht?«

»Natürlich haben wir«, schnappte Dornröschen. »Ist ja nicht so, dass da keine gewesen wären. Hier sind Millionen Spuren von tausend Leuten. Was fang ich damit an?«

»Vielleicht untersuchen?«, knurrte Bertl zurück.

»Was bist denn heut so ein Grantscherm?« Dorli nahm Bertls Arm und zerrte ihn weg von Dornröschen, der sich eben aufplusterte wie ein Gockel, der sein Revier verteidigen musste.

»Ach mei, Dorli. Grad erst waren wir beim Kinaski. Der hat in einem Fassl einen Schädel g'funden. Schon wieder irgendein

Toter. Und wir haben eh keine Leut. Einer auf Urlaub, zwei krank, der Gustl mit den Gedanken schon in der Pensi. Und zu Haus geht alles drunter und drüber. Die Miki ist krank, der Simon kriegt Zähne, und i kann ka Nacht schlafen. Des geht jetzt schon länger als a Wochen so. I bin einfach fix und foxi. I würd alles geben für eine durchschlafene Nacht.«

»Na, wenn's weiter nix ist? Kommst nach dem Dienst vorbei und kannst bei mir schlafen. Ich übernehm heut die Nachtschicht bei dir zu Haus. Sag der Miki Bescheid. Des geht ja gar net, dass unsere Polizei grantig und übernachtig ist.«

»Das würdest du wirklich …? Dorli, du bist die Beste!«

Bertl versuchte, ihr einen Kuss auf die Wange zu schmatzen. Dorli sprang einen Schritt zur Seite.

»Untersteh di! Dann zieh ich mein Angebot gleich wieder zurück!«

Lupo feixte. Die Gemeindetante war gar nicht so uneben. Ein bisserl herb halt. Aber wie sie sich den grantigen Polizisten vom Leib hielt, alle Achtung.

»Wenn wir hier nicht mehr gebraucht werden, dann würde ich gerne zu meinem Auto zurückfahren.«

»Okay, Lupo, steigen S' ein. Wo ist denn eigentlich Idefix?«

»Der Killer liegt auf der Ladefläche. Als hier der große Wirbel angefangen hat, wollte er rein. Ich hab ihm die Tür aufgehalten, er ist reingesprungen und hat sich eingerollt.«

Dorothea spähte in ihr Auto.

»Tatsächlich. So ein fauler Striezi. Dass der Dornröschen verschläft! Aus irgendeinem Grund kann er den Kerl nicht leiden. Er knurrt den immer so lang an, bis der sich fast in die Hosen pinkelt.«

»Ein Hund mit Menschenkenntnis.«

»Sieht so aus. Da haben Sie heut einen netten Einblick in die ländliche Idylle gekriegt, hm?«

Lupo schüttelte den Kopf. »Ländlich ja, aber wo ist da die Idylle?«

Dorli lächelte, quetschte sich hinter das Lenkrad und knallte die Fahrertür zu.

»Wie hat Dornröschen das gemeint, es gibt da zu viele Spuren?«

»Das ist ein beliebter Weg durch den Wald. Jeder Autobus, der Leute zum Pecherhof karrt, bleibt hier stehen, wo wir jetzt parken, und eine Horde trampelt hier entlang. Ganze Schulklassen wandern über den Pecherlehrpfad. Die Leute aus der Umgebung gehen hier bei schönem Wetter mit ihren Hunden äußerln. Außerdem kreuzen sich mindestens drei Weitwanderwege. Und die Leute sind halt Schweine und schmeißen alles in den Wald. Vom Plastikflascherl oder der Aludose über Kondome und Taschentücher bis zum Wurstsemmelpapierl. Dazwischen Hundehaare von fünfzig verschiedenen Kötern. Irgendwie kann ich nachvollziehen, dass Dornröschen grantig ist.«

»Verstehe. Und weil Sie den Waldarbeiter Tage früher fanden, als die vermisste Frau auftauchte, bestand kein Grund, die weitere Umgebung abzusuchen, wenn man schon in der Nähe nichts fand, was eindeutig zuzuordnen war.«

»So war's vermutlich. Los, anschnallen, Lupo. Sonst hängen die mir noch aus Rache für den verpatzten Feierabend ein Strafmandat wegen Fahren ohne Gurt an.«

13

Als Dorothea Wiltzing am nächsten Tag beim Haus von Hias und Grete Grebenzer anläuten wollte, fand sie dort die halbe Besatzung der Polizeiinspektion versammelt.

»Ist der Gretel was passiert? Ich hab das auch komisch gefunden, dass sie den Hias nicht abgängig gemeldet hat.«

Der junge Beamte, den sie nur vom Sehen kannte, deutete zur Haustür.

»Da müssen S' den Inspektor fragen.«

Doch der war weit und breit nirgends zu sehen. Dorli verzichtete. Das Wohnhaus wollte sie nicht betreten. Schon gar nicht, wenn sie befürchten musste, wieder über eine Leiche zu stolpern. Als sie eben mit Idefix den Waldrand erreicht hatte, hörte sie hinter sich Bertls Stimme.

»Dorli, so wart doch!«

Idefix' Rute schlug wild hin und her, als er die Stimme erkannte.

»Na lauf ihm schon entgegen.«

Dorli klopfte ihm mit der Hand auf die Flanke. Das ließ sich der Hund nicht zweimal sagen. Er sauste los und holte Bertl fast von den Beinen mit seiner stürmischen Begrüßung.

»Danke für die herrlich ruhige Nacht in deinem Haus, Dorli. Hast wenigstens auch ein bisserl schlafen können?«

»So zwei, drei Stunden werden's schon gewesen sein. Aber heute früh dürfte der böse Zahn, der den Simon so sekkiert hat, endlich durch das Zahnfleisch gebrochen sein. Seit vier Uhr früh hat der Bursche friedlich geschlummert.«

»Hoffentlich bleibt das jetzt eine Zeit so.«

Bertl sah wirklich erholt aus.

»Ist was mit der Grete?«, fragte Dorli.

»Das wissen wir noch nicht. Aber sie hat keine Abgängigkeitsanzeige gemacht für den Hias. Und seit gut zwei Wochen hat sie keiner im Ort gesehen. Im Vorzimmer liegt ein Haufen Post. Im Haus ist sie jedenfalls nicht. Weder tot noch lebendig.«

»Und dass sie verreist ist, ist nicht möglich?«

»Möglich ist so einiges. Wir sind am Überprüfen. Nur weil wir sie bis jetzt nicht g'funden haben, heißt das noch gar nix. Wir wissen ja nicht einmal, ob sie ein Handy besitzt. Vielleicht ist sie wirklich bei Verwandten oder sonst wo. Kannst dich vielleicht umhören, ob sie so was vorg'habt hat?«

»Mach ich, Bertl. Falls ich was hör, ruf ich dich an. Und ein Mobiltelefon hat die Grete sicher nicht. Ihre Freundinnen hat sie beim Einkaufen getroffen, Kinder sind keine da, und den Hias hätt sie im Wald sowieso nicht erreicht. Zu viele Funklöcher. Außerdem steht sie ein bisserl auf Kriegsfuß mit der modernen Technik.«

»Gut zu wissen. Weißt, was das Schlimmste ist? Mittlerweile haben wir drei Tote. Die zwei Ermordeten auf dem Hart und den Schädel im Fassl. Ich hab heute Meldung ans LKA machen müssen. Denn jetzt sieht das nach einem Serienkiller aus.«

»Geh, a Serienmörder bei uns! Das glaubst doch selber net!«

»Eh net. Aber die Großkopferten vom LKA in St. Blöden glauben's. Die haben den Fall an sich gerissen, und wir dürfen nur mehr die Zureicher spiel'n.«

»Haben die einen echten Grund für ihre Vermutung?«

»Na ja, zu mir haben's g'sagt, zwei Leichen und a Schädel von an Toten in ana Wochen, das ist auffällig. Mach dich drauf gefasst, dass dein Liebling Leo Bergler wieder bei uns auftaucht.«

»Wie hat schon Kaiser Franz Josef g'sagt? Mir bleibt nix erspart.«

Der großkotzige Kerl war ihr gerade noch abgegangen. Als ob ihr der patscherte Detektiv Lupo nicht schon reichen würde! Aber falls hier wirklich ein Serienmörder sein Unwesen trieb, musste man sich große Sorgen um die Gretel machen.

Vielleicht sollte sie Lore fragen. Auch wenn sie immer noch ein wenig grantig auf ihre Schwägerin war. Ach was, eigentlich war sie ang'fressen auf ihren Bruder. Die Lore war mit ihm ohnehin schon gestraft genug. Wenn dem Kerl irgendwas nicht in den Kram passte, war er krank. Oder behauptete es zumindest. Weigerte sich aber beharrlich, zum Arzt zu gehen und sich behandeln zu lassen. Wobei der Grund auf der Hand lag. Er war nie ernsthaft krank, aber der größte Hypochonder, der Dorli jemals untergekommen war.

Ihre Schwägerin betrieb eine mobile Fußpflege und kam dadurch viel in der Gemeinde herum. Vielleicht hatte sie irgendwas läuten gehört, was mit Grete Grebenzer los sein könnte.

Dorli würde sie am Nachmittag anrufen und fragen, ob sie nicht auf einen Kaffee vorbeikommen wollte.

Sie verbrachten einen angenehmen Nachmittag miteinander. Dorli gewann den Eindruck, dass Lore schön langsam der tausend nervigen Ausreden ihres Bruders überdrüssig wurde.

Hoffentlich ließen sie sich nicht scheiden!

Doch von der Grete wusste Lore nichts, außer dass sie, kurz bevor sie verschwand und der Hias starb, ihren monatlichen Termin zur Fußpflege abgesagt hatte. Ohne Angabe von Gründen. Die Frage war: warum?

14

»Herr Kinaski, in Anbetracht dessen, dass wir es hier möglicherweise mit einem Serienmörder zu tun haben, rollen wir alte Vermisstenfälle wieder auf. Können Sie mir sagen, wie und wann Ihr Bruder verschwand?«

»Meine Güte, das ist jetzt dreiundzwanzig Jahr her. Glauben S', dass sein Verschwinden mit den Mordfällen von jetzt zusammenhängt?«

»Auszuschließen ist in so einem Fall gar nichts.«

Kaum hatte der Polizist ausgesprochen, wurde die Tür aufgerissen und jemand stürzte ins Büro.

»Sag, Karli, hast du –«

Dorothea Wiltzing unterbrach sich mitten im Satz, als sie plötzlich Leo Bergler vor sich stehen sah. »Oh, der Herr Bezirksinspektor! Da komm ich später wieder.«

»Bezirksinspektor war einmal. Jetzt Oberleutnant.«

»Sind S' jetzt vielleicht beim Militär?«

»Nein. So heißt mein neuer Dienstgrad. Ich habe mich weitergebildet und werde demnächst auch noch die Fachhochschule besuchen. Ich will weiter nach oben.«

»Na, da gratulier ich.«

»Der Herr Leutnant –«, setzte Karl an.

»Ober«, unterbrach Leo Bergler.

»Servieren tun S' jetzt auch noch? Echt vielseitig.«

Dorotheas Kommentar war trocken wie ein Wüstensturm. Sie hatte sichtlich Mühe, sich das Lachen zu verbeißen, was Karl Kinaski wieder ein wenig aufheiterte.

»Oberleutnant meinte ich selbstverständlich.«

Der Kripomann vom LKA war verschnupft über so viel Missachtung seiner Bedeutung.

»Jedenfalls werden jetzt die alten Vermisstenfälle wieder aufgerollt.« Karl zuckte mit den Schultern. »Der Herr Kommissar meint, wenn wir einen Serienmörder haben sollten, dann könnten die Leut, die seit Jahren hier verschwinden, Opfer eines verrückten Killers worden sein. Aber der Klausi ist ja schon seit dreiundzwanzig Jahr weg. Das ist eine lange Zeit.«

»Wenn wir es mit einem Serientäter zu tun haben, wer kann schon wissen, wann der begonnen hat?«

Leo Bergler schielte missmutig zu Dorli. »Sie will ich ohnehin als Nächste befragen. Sie haben ja wieder mal die Leichen gefunden.«

»Nein, nein, das ist zu viel der Ehre. Nur einen, den alten Hias. Das ist der Pecher. Den Kopf im Fassl hat der Karl gefunden und die alte Dame aus Wien sogar die Polizei.«

»Wie auch immer. Halten Sie sich bitte zur Verfügung.«

»Ich arbeite nach wie vor gegenüber am Gemeindeamt. Wenn Sie mit dem Karl fertig sind, finden S' mich dort. Und zu dir, Karli, komm ich später noch einmal.«

»Was wolltest denn?«

»A Pechsalben für die Lore. Sie hat sich's Kreuz verrenkt.«

»Was ist eine Pechsalbe?«, fragte Leo Bergler.

»Eine durchblutungsfördernde Heilsalbe für solche Anlässe wie Hexenschuss, Muskelkater und andere schmerzhafte Verspannungen. Und garantiert ohne schädliche Nebenwirkungen. Wollen S' einen Prospekt?«

Karl Kinaski hielt dem Oberleutnant ein Faltblatt unter die Nase.

»Interessant. Vielleicht sollten S' mir auch eine herrichten. Ich hab mir beim Schießen die Schulter verrissen.«

»Gern! Wart einen Moment, Dorli, die Salbe kannst gleich mitnehmen.«

Karl stand auf und ging zu einem Schrank an der Wand, nahm zwei Cremetiegel heraus und reichte einen Dorli, den anderen dem Oberleutnant.

»Danke. Die Lore hat gesagt, sie zahlt dir's morgen, wenn sie der Frau Lang im Nebenhaus die Pediküre macht.«

»Ist schon gut.«

Während Dorli die Pecherei verließ, setzte Leo Bergler die

Befragung bereits fort, ohne dass er gefragt hätte, was er für die Salbe zu bezahlen hätte.

»Und jetzt wieder zu Ihrem Bruder. Wann haben Sie ihn zuletzt gesehen? Hat er jemals die Absicht geäußert, ins Ausland zu gehen?«

»Der Klausi wollt am Abend des 8. Mai 1989 noch kurz beim Kirchenwirt auf ein Krügerl reinschauen. Ich war zu müd und bin gleich heim. Und das war das letzte Mal, dass ich ihn gesehen hab.«

»Hätte er einen Grund gehabt, abzuhauen?«

»Na ja, wie man's nimmt. Die Gundi, die spätere Frau vom Bürgermeisterssohn, hat behauptet, sie sei von ihm schwanger. Der Klaus hat gemeint, das sei nicht möglich, er habe immer verhütet. Er hat aber nie vom Weggehen gesprochen. Er wollte nur einen Vaterschaftstest machen lassen, sobald das Kind da war. Und heiraten wollte er die Gundi auch nicht.«

»Er hätte also einen Grund gehabt, zu verschwinden.«

Karl nickte. »Na ja, vielleicht schon. Aber es war nicht seine Art, Schwierigkeiten aus dem Weg zu gehen. Eher zog er sie magisch an.«

»Und Sie haben all die Jahre nie ein Lebenszeichen Ihres Bruders erhalten?«

»Nein. Das ist das, was ich am wenigsten verstanden hab. Und der einzige Grund, wieso ich mir vorstellen könnt, dass ihm wirklich was passiert ist. Er hätte sich sicher irgendwann gemeldet. Wir waren ja nicht bös miteinander.«

15

Sein Vater hatte ihn viel gelehrt. Sich auf die Beine zu stellen und selbstbewusst zu handeln. Zu den eigenen Taten zu stehen. Keine Zweifel aufkommen zu lassen, insbesondere nicht hinterher. Durch die harte Arbeit war er für sein Alter groß und kräftig. Aber der Alte hatte ihm auch noch etwas anderes beigebracht: Brutalität, Grausamkeit, abgestumpft zu werden gegenüber den Gefühlen von Tieren. Vater meinte, die hätten gar keine Gefühle. Doch das konnte nicht sein. Er hatte einen kleinen Hund. Der liebte ihn. Wich nicht von seiner Seite. Dieses herzige Fellbündel hatte ihm etwas gegeben, das er von niemandem sonst zu Hause bekommen hatte: Liebe.

Eines Abends war er nach einem langen Tag in der Schule heimgekommen. Der Hund, der ihn sonst immer schon an der Bushaltestelle erwartet hatte, war nicht da. Er dachte, er sei vielleicht irgendwo eingesperrt.

Zu Hause merkte er, dass wieder einmal dicke Luft herrschte. Wie Mama so laut schwieg, dass es in den Ohren schmerzte. Wie sich seine Schwester verkroch, sein Vater die Türen schlug.

»Was ist denn los?«, wagte er zu fragen.

»Du hast deine Arbeit nicht erledigt!«, fuhr ihn der Vater an.

»Ich musste doch zur Schule.«

»Scheiß auf die Schule! Die Kuh war nur halb zerlegt. Du hast sie einfach am Haken hängen lassen und dich davongemacht. Jetzt ist das Fleisch verdorben!«, schrie er. »Kannst es vielleicht noch als Hundefutter verkaufen. Weißt du, was das für Einbußen sind?«

Beklommen schüttelte er den Kopf. »Aber was hätt ich denn machen sollen?«

»Deine Arbeit!«, brüllte der Vater mit hochrotem Schädel.

Es hatte keinen Sinn, darauf hinzuweisen, dass es eine Schulpflicht gab. Wenn sich sein Vater in diesem Zustand befand, konnte man ihm nur weiträumig aus dem Weg gehen.

»Wo ist denn Hasso?«, fragte er seine Mutter. Sie drehte sich wortlos um und verließ die Küche.

»*Er hat die Strafe bekommen, die du verdient hast.*« *Sein Vater grinste irgendwie unheimlich.*
»*Du hast ihn geschlagen?*«
»*Erschossen.*«
Ihm blieb die Luft weg. Der Arsch hatte das Einzige auf der Welt, das ihm etwas bedeutete und ihn liebte, getötet! Er stürzte davon. Hinter ihm brüllte der Vater wie ein Stier. Es war ihm egal.

In dieser Nacht hatte er den Alten erledigt. Da sie nicht genug Fleisch für alle Bestellungen hatten, mussten sie eine weitere Kuh schlachten. Er hielt ihr den Schlachtschussapparat an den Kopf, der Vater presste sie mit einem Gitter gegen die Wand. Als sie zusammensackte, musste der Alte zur Seite springen. Er handelte instinktiv und drückte noch mal ab. All die aufgestaute Wut, der Hass, weil er ihm das Liebste genommen hatte, bahnte sich in diesem Moment den Weg nach außen.

Er zerlegte die Leiche, verstaute alles in einem Fass und fuhr mit dem Traktor in den Wald. Hob eine tiefe Grube aus und warf den sadistischen Sack hinein. Das Loch mit Erde zugeschaufelt und den Waldboden festgestampft und wieder geglättet, Laub und Nadeln drüber. Zu Hause warf er die Kleider ins Auto des Alten und brachte es in eine ihrer weiter entfernt gelegenen Scheunen. In einer der nächsten Nächte würde er sie in irgendeinem abgelegenen Schotterteich versenken.

Als seine Mutter und die Schwester morgens aufstanden, war er todmüde, aber glücklich. Der Scheißkerl würde niemandem mehr in der Familie wehtun.

Womit er nicht gerechnet hatte, war, dass die Mutter tagein, tagaus jammerte, weil ihr Mann sie verlassen hatte. Statt dass sie froh war, dass dieses beschissene Leben ein Ende gefunden hatte.

Hassos leblosen Körper fand er auf dem Misthaufen. Er begrub ihn im Garten unter einem Fliederbusch. Sein geliebter Hund hatte sein Leben lassen müssen, damit er frei sein konnte.

Doch so war es nicht. Nur konnte er das damals noch nicht ahnen. Er war vierzehn Jahre und drei Monate alt.

16

Der Bürgermeister war wieder mal unerträglich gut gelaunt. Dann musste Dorothea seine dämlichen Sprüche über sich ergehen lassen. Sie rang sich gelegentlich ein müdes Lächeln ab, während ihre junge Kollegin, Barbara Schöne, sich schier ausschütten wollte vor Lachen. Die beiden passten wirklich gut zusammen. Dorli überlegte nicht zum ersten Mal, was sie tun könnte, wenn sie diesen Job aufgab. Denn schön langsam wurde ihre Arbeitssituation hier unerträglich.

War Bürgermeister Willibald Kofler auf Urlaub oder die Schöne krank oder umgekehrt, dann war es ja noch einigermaßen auszuhalten. Aber beide gemeinsam waren einfach nur zum Kotzen. Leider fühlte sich Dorli auch zunehmend jeden Morgen so. Und dass Oberleutnant Leo Bergler eben zur Tür reinspazierte, hob ihre Stimmung auch nicht gerade. Dabei war er ein Typ, der ihr in früheren Jahren wahrscheinlich sogar gefallen hätte. Mittelgroß, ein asketischer Körper, der trotzdem den Eindruck vermittelte, dass sein Besitzer über Kraft und Ausdauer verfügte. Das blonde Haar, etwas zu lang, aber durchaus gepflegt, fiel ihm immer wieder ins Gesicht, woraufhin er es mit einer lässigen Handbewegung nach hinten strich. Der Anzug war dunkelgrau und sah aus, als sei er auf den Körper geschneidert worden. Krawatte und Hemd, Ton in Ton in Hellblau. Eine gepflegte Erscheinung. Und doch konnte Dorli sich nicht für ihn erwärmen. Was nicht nur an seinem maßlos übersteigerten Selbstbewusstsein lag, wie sie sich eingestand.

Dorli, du wirst nie mehr einen Kerl abkriegen, du bist zu wählerisch! Sie verdrängte die unwillkommenen Gedanken in hintere Hirnregionen und wandte sich dem Besucher zu.

»Jö, der Herr Bezirksinspektor!«, quietschte die Schöne in den höchsten Tönen.

»Oberleutnant«, verbesserte Dorli. »Der Herr Kommissar hat sich weitergebildet.« *Was dir a net schaden tät!*, fügte sie in Gedanken hinzu. Denn die Schöne war bled wie a Binkel Fetzen und dazu noch arrogant. Eine gottvolle Kombination.

»Frau Wiltzing, gibt es hier einen Raum, wo wir uns unter vier Augen unterhalten können?«

»Sicher. Kommen Sie mit.«

Die Schöne verschoss Giftpfeile mit den Augen, als Dorli den Kriminalbeamten in das große Besprechungszimmer führte und fragte, ob er einen Kaffee wollte. Und als er dies bejahte, wandte sie sich ihrer Kollegin zu.

»Bitte zwei Kaffee und zwei Mineral. Danke, Frau Schöne. Im Übrigen wollen wir nicht gestört werden.«

Wenn Barbara Schönes Blicke hätten töten können, wäre Dorli auf der Stelle tot umgefallen.

»Sagen Sie, können Sie sich noch an all die Leute erinnern, die hier in den letzten fünfundzwanzig Jahren verschwunden sind?«, begann Leo Bergler die Befragung.

»Der Erste war, glaube ich, der Markus Hennerbichler. Das war 1986 oder 87. Der Markus hat sehr gut ausg'schaut, aber er war ein Säufer. Trotzdem sind ihm die Mädchen in Scharen hinterhergelaufen. Mir hätt er damals auch gefallen. Er hatte so was Lässiges an sich. Aber ich war nicht einmal dreizehn. Ein Kind und daher völlig uninteressant für ihn.«

Dorli unterbrach kurz, als die Schöne die Getränke servierte. Dorli knallte sie die Kaffeetasse derart vor die Nase, dass der Inhalt überschwappte und auf Dorlis Rock tropfte.

»'tschuldigung. Das tuat ma jetzt aber so leid!« Die Schöne grinste ihr unverschämt ins Gesicht.

Dorli ignorierte sie einfach. Der Kaffee war heiß, der Rock vermutlich nie wieder sauber zu kriegen. Und dass das Absicht war, sah selbst ein Blinder mit Krückstock. Doch wenn sich Dorli jetzt aufgeregt hätte, dann wäre das ganz im Sinne der Schöne gewesen. Sie einfach nicht zur Kenntnis zu nehmen ärgerte sie sicher weit mehr, als sie die Kaffeeattacke befriedigt hatte.

Die Schöne knallte das Tablett auf den Tisch, rauschte zur Tür hinaus und warf sie mit hörbarem Krachen zu.

»Ist Ihre Kollegin heute mit dem falschen Fuß aufgestanden?«, fragte Leo Bergler irritiert. Er hatte von dem Vorfall mit dem Kaffee nichts mitgekriegt.

»Keine Ahnung. Sie hat öfter solche Anwandlungen.«

»Na, dann wollen wir weitermachen.«

Leo Bergler warf fünf Stück Zucker in seine Tasse und rührte hingebungsvoll darin.

»Wir waren bei …«, er warf einen Blick auf seinen Block, »Markus Hennerbichler, Aufreißer und Trunkenbold. Wer kam danach?«

»Der Nächste war Klaus Kinaski. Oder irre ich mich? Möglicherweise war da vorher noch der kleine Michi. Ein wunderschönes Kind, damals gerade mal dreizehn Jahre oder vielleicht vierzehn. Lieb und immer gut aufgelegt. Aber in seiner geistigen Entwicklung auf dem Stand eines Vierjährigen stehen geblieben. Da wurde lange gesucht und ermittelt, aber es fand sich nicht der kleinste Hinweis, was mit dem Buben geschehen sein könnte. Der ist nämlich bestimmt nicht davongelaufen. Im Polizeiarchiv müsste es noch die Akten drüber geben.«

Dorli nahm einen Schluck Mineralwasser. Die Lust auf Kaffee war ihr vergangen.

»Der Nächste war dann Klaus Kinaski. Er war eine Zeit lang hinter fast jeder Schürze her. Dann hat die Gundi behauptet, von ihm schwanger zu sein. Daher nahmen viele an, er sei deswegen abgehauen. Ich denke, dass das gar nicht gestimmt hat, denn Kind hat sie jedenfalls keines bekommen. Dafür hat sie sich dann den Sohn vom Bürgermeister geangelt. Und von dem war sie angeblich auch schon vor der Hochzeit schwanger. Allerdings hat sie eine Tragezeit wie ein Elefant, denn es hat dann zwei Jahre gedauert, bis das Baby zur Welt gekommen ist.«

»Nette Dame. Ist der Sohn vom Bürgermeister mit ihr glücklich geworden?«

»Fragen S' ihn. Er ist jetzt unser Ortschef.«

»Oh! Na, lieber nicht. Wer verschwand dann?«

»Eine Serviererin aus dem Gasthaus in Edelbachklamm. Das ist gerade mal zehn Kilometer entfernt. Ich glaube, sie hat Renate geheißen. Aber da müssen Sie den Bertl Wagner fragen, der kann in den Akten nachschauen. Kurz darauf verschwand der kleine Bub einer Schaustellerfamilie, die mit ihrem Fahrgeschäft beim Berndorfer Kirtag war. Und danach noch ein schwachsinniger Bub, der Steinbauer Erwin vom Steinbauerhof in Langebichl. Das ist das große Restaurant gleich rechts, wenn man von da Richtung Wiener Neustadt fährt.«

»Sind das alle?«

»Zumindest alle, von denen ich weiß. Falls sich hier in der Gegend wirklich ein Serienkiller betätigen sollte, dann kann er ja auch in anderen Orten sein Unwesen getrieben haben.«

»Dem werde ich nachgehen. Ich werde mir die Akten von allen Verschwundenen aus den letzten fünfundzwanzig Jahren im Umkreis von hundert Kilometern ausheben lassen.«

Leo Bergler lehnte sich in seinem Sessel zurück und musterte Dorli aufmerksam.

»Sie haben also den Grebenzer Hias gefunden und überdies einen Zusammenhang mit dem Mord an Frau Leni Dürauer hergestellt. Haben Sie sich eigentlich schon einmal überlegt, ob Sie nicht lieber zur Polizei gehen sollten, statt da auf dem Gemeindeamt zu versauern?«

Das klang ja fast wie ein Kompliment. Und das aus dem Mund Leo Berglers! Dorli lächelte säuerlich.

»Wenn ich zehn Jahre jünger wär, würde ich darüber nachdenken. Nein, ich bin einfach zu alt, um nochmals von vorn anzufangen.«

Aber vielleicht bleibt mir eines nicht allzu fernen Tages gar nichts anderes übrig, ergänzte sie im Stillen den Satz.

»Schade. Ich denke, Sie hätten gute Voraussetzungen für den Job. Sie beobachten genau und ziehen daraus die richtigen Schlüsse. Aber das ist Ihr Bier. Zwei Fragen hab ich jetzt noch. Die erste, kennen Sie die Kollegen des Herrn Grebenzer? Und die zweite, haben Sie eine Ahnung, wo seine Frau ist?«

»Die Kollegen kann ich Ihnen nennen. Burli, Knopferl,

Tobsi und Stanko. Die richtigen Namen und ihre Adressen kriegen Sie sicher vom Karl Kinaski. Dadurch, dass sie nur in der Saison da sind und da fast immer im Wald, hab ich zu denen kaum Kontakt gehabt. Und von der Grete weiß ich gar nichts, außer dass sie seit drei Wochen verschwunden ist.«

»Danke, das war's fürs Erste. Sollten Sie von der Frau Grebenzer etwas hören, lassen Sie es mich wissen.«

Im Hinausgehen deutete Bergler eine Verbeugung Richtung Barbara Schöne an.

»Gnädigste, Sie sollten unbedingt etwas für Ihre Nerven tun. Wenn Ihnen schon die Kaffeetasse aus der Hand fällt, dann leiden Sie sicher an einer massiven neurologischen Fehlfunktion. Habe die Ehre, die Damen!«

Barbara Schöne blickte ihm mit offenem Mund entgeistert hinterher. »Wie meinen …?«, stotterte sie ihm hinterdrein. Da klappte schon die Türe zu.

Und Dorli bemerkte bei sich, dass der Bursche neben seiner Überheblichkeit und dem ausgeprägten Ego doch auch etwas sehr Positives besaß: nämlich eine ausgezeichnete Beobachtungsgabe. Er hatte also das kleine Attentat durchaus mitbekommen. Und eine Art von Humor, die ihr gut gefiel.

17

Lupo hatte seiner Auftraggeberin Bericht erstattet.

»Wenn ich Sie recht verstehe, dann scheint es so zu sein, dass meine Tante nicht das primäre Opfer, sondern nur zur falschen Zeit am falschen Ort war?«

Agnes Schneider fuhr sich mit der Hand durchs Haar. Nahm eine Strähne und zwirbelte sie um den Zeigefinger.

»Nach den Spuren, die die Gemeindesekretärin Frau Wiltzing und ich gefunden haben, liegt der Verdacht nahe, dass Ihre Tante Zeugin eines Mordes wurde. Vermutlich hat sie versucht, diesen zu verhindern und die Polizei zu rufen. Doch der Mörder hat sie gesehen und war schneller.«

»Mein Gott. Die arme Tante Leni. Und wer ist das Schwein?«

»Das weiß derzeit keiner. Die Polizei geht mittlerweile davon aus, dass es sich um einen Serienmörder handeln könnte. Fakt ist nämlich auch, dass in der Gegend in den letzten zwei Jahrzehnten immer wieder Menschen verschwunden sind. Teilweise dachte man, sie seien aus diversen familiären Gründen abgehauen. Aber heute ist man sich da nicht mehr so sicher.«

»Glauben Sie, die Polizei erwischt den Kerl?«

Lupo zuckte mit den Schultern. »Das kann wohl niemand vorhersagen. Es gibt ja bisher keinen Verdächtigen.«

»Dann möchte ich, dass Sie an der Sache dranbleiben.«

»Das könnte aber teuer werden. Und wer weiß, ob meine Recherchen überhaupt eine Spur ergeben.«

»Probieren wir es zumindest. Das bin ich Tante Leni einfach schuldig. Sie hat die Ausbildung für mich und meinen Bruder bezahlt, als unsere Eltern starben. Sie war immer für uns da, wenn wir sie gebraucht haben. Jetzt braucht sie uns. Damit wir wenigstens ihren Mörder seiner gerechten Strafe zuführen. Lebendig wird sie deswegen zwar auch nicht wieder. Aber davonkommen soll der Kerl damit schon gar nicht. Und wegen der Kosten machen Sie sich keine Sorgen.«

Ein paar Wochen würde sie sich den Detektiv schon noch leisten können. Brachte er in der Zeit weitere Resultate, gut. Und wenn nicht, musste sie sich später nicht vorwerfen, es nicht wenigstens versucht zu haben.

Als Lupo gegangen war, saß sie eine halbe Stunde tatenlos herum und grübelte über den Sinn des Lebens. Ihre Tante Leni, die nie irgendjemandem etwas Böses angetan hatte, wurde ermordet, weil sie einfach zur falschen Zeit am falschen Ort war. War das zu fassen? Andererseits, wenn dort wirklich ein Serienmörder wütete, dann betraf das wahrscheinlich alle seine Opfer. Was für eine Welt!
Das Telefon riss sie aus ihren trüben Gedanken.
»Schneider.«
»Hi, Schwesterherz! Diesmal erwartest du gar keinen Anruf von wem anderen?«
»Hallo, Anselm! Schön, dich zu hören. Wie hast du dich auf Neumayer eingelebt?«
»Gut. Und es geht mir auch hervorragend. Die Leute hier sind extrem nett. Das Wetter, na ja, das könnte schon besser sein. Und die dauernde Dunkelheit schlägt sich manchmal auch aufs Gemüt. Aber sonst ist alles paletti!«
»Das freut mich für dich.«
»Wann wird Tante Leni beerdigt? Und gibt es schon eine Spur des Täters?«
»Das Begräbnis ist kommenden Freitag. Und es gibt einen Verdacht. Nämlich, dass sie Zeugin eines Mordes geworden ist und deshalb auch sterben musste.«
»Na, das ist ja ein Ding! So was liest man sonst in der Zeitung und denkt sich, das gibt's ja gar nicht. Das ist wie in einem schlechten Film. Und plötzlich betrifft es die eigene Familie.«
»Ja, und das mit dem schlechten Film geht weiter. Denn die Polizei hat nun den Verdacht, dass es sich bei dem Mörder um einen Serienkiller handelt. Aber sie tappen nach wie vor im Dunkeln. Ich habe also dem Detektiv den Auftrag erteilt,

weiter an der Geschichte dranzubleiben. Denn die Polizei hat sich in der Sache ja schon bisher nicht mit Ruhm bekleckert.«
»Agi, du bist toll. Ich bin stolz darauf, so eine Schwester zu haben. Ich werde mich jetzt alle zwei Wochen kurz melden. Wenn es mal länger dauert, hab keine Angst. Manchmal, wenn es hier so stürmt, sitzen wir in einem Funkloch und es geht gar nix. Ich hab dich lieb, Schwesterchen.«
»Ich dich auch. Und pass auf dich auf.«
»Klaro. Also, Süße, mach's gut. Bis demnächst.«
Agnes lächelte, als sie den Hörer zurücklegte. Es war ihrem Bruder doch tatsächlich gelungen, sie aufzuheitern. Und er hörte sich irgendwie erwachsener an. Vielleicht war das doch keine so schlechte Idee gewesen, dass er sich zu diesem Einsatz unter extremen Bedingungen gemeldet hatte.

18

»Griass di, Dorli. Sag, kannst mich von der Busstation abholen? Der Hias hat scheinbar drauf vergessen, dass i heut heimkomm.«
»Grete! Du lebst?«
»No na, mein Geist wird anrufen. Was ist denn das für a blöde Frag?«
»Erklär ich dir später. Gib mir fünf Minuten. Dann hol ich dich. Bis gleich!«
Dorothea warf das Telefon auf den Tisch, schnappte ihre Jacke vom Haken, vergewisserte sich, dass sie Handy und Autoschlüssel in den Jackentaschen hatte.
»Bin kurz außer Haus!«, rief sie der verdatterten Barbara Schöne zu und stürzte zur Tür hinaus. Auf dem Weg zu ihrem Auto rief sie bei Bertl Wagner an. Er hatte frei, das wusste sie. Seine Frau hob ab.
»Hallo, Miki. Ist der Bertl da?«
»Ja, warum? Wo brennt's denn?«
»Sag ihm bitte, die Grete Grebenzer hat sich gemeldet. Er soll gleich zu ihrem Haus fahren. Ich bring sie jetzt heim.«
»Richt ich ihm aus. Weißt schon, was mit der Gretel los war?«
»Keine Ahnung. Aber das wird sie mir sicher gleich erzählen.«

Grete stand mit einem großen Koffer und zwei Reisetaschen an der Busstation.
»Mei, Gretel, wo kommst denn du mit so viel Gepäck her? Warst du auf Urlaub?«
»Servus, Dorli.« Die Grete küsste die Luft neben Dorlis Wangen. »Doch ka Urlaub. I war auf Reha. Hat euch der Hias nix erzählt?«
Dorli schüttelte den Kopf. Sie wollte Grete nicht mitten auf der Dorfstraße mit der Todesnachricht ihres Mannes konfrontieren.

»I hab voriges Jahr im November an Bandscheibenvorfall g'habt. Dann war i a paarmal im Spital, im Jänner haben's mi operiert, und jetzt war i auf Reha. Eigentlich drei Wochen. Aber sie haben mich g'fragt, ob i a Wochen anhängen will. Und weil der Hiasi jetzt eh so eing'setzt ist mit dem Anpechen, hab i mir denkt, i häng einfach die Woche noch dran. Das war mit dem Hiasi a schon ausg'macht, dass ich des nimm, wenn's mir's anbieten. Aber dass der des vergessen hätt?«

Dorli hatte während dieser Schilderung die Gepäckstücke im Kofferraum verstaut und schob Grete nun zur Beifahrertür.

»Sag, von wo hast du mich eigentlich ang'rufen?«

»Die Lochner Evi is vorbeigangen und hat mit ihrem Handy herumg'fuchtelt. Da hab i sie g'fragt, ob sie auf der Gemeinde bei dir anrufen könnt. Des hat's g'macht und mir dann des Ding in die Hand druckt.«

»Ach so. Ich hab mich g'wundert, weil wir doch schon seit Ewigkeiten kein Telefonhüttel mehr haben. Komm, Grete, steig ein. Fahren wir zu dir nach Haus. Da können wir sicher gemütlicher reden.«

»Vor allem dabei sitzen. Und i werd uns ein gutes Kaffeetscherl machen.«

Das würde sie sicher nicht. Die Lust auf Kaffee würde ihr ganz schnell vergehen. Einerseits kam sich Dorli wie eine Verräterin vor, weil sie Grete nicht gleich vom Tod ihres Mannes erzählte. Noch dazu, wo sie selbst ihn gefunden hatte. Andererseits fühlte sie sich dazu nicht berufen. Das sollte die Polizei tun. Schließlich lernten sie bei ihrer Ausbildung sicher auch, wie man mit Angehörigen von Opfern am besten umging.

»Wo warst denn auf Reha?«

»In Prein an der Rax. War richtig schön dort. Und die Behandlungen haben mir gut geholfen.«

»Hat dich der Hias hinbracht?«

»Na, wir haben doch ka Auto. Sein Chef hat mich hing'führt.«

Sein Chef war Karl Kinaski. Der war zwar ein sehr hilfsbereiter Mensch, doch Dorli konnte sich nicht vorstellen, dass der nicht sofort Kontakt mit der Gretel aufgenommen hätte, als er hörte, dass der Hias ermordet worden war. Irgendwas an der Geschichte war faul. Aber was?

Mittlerweile waren sie beim Haus der Grebenzers angekommen. Bertl Wagner stand schon vor der Tür.

»Was macht denn der Spinatwachter da?«, fragte Grete höchst uncharmant.

»Es ist was passiert, während du nicht da warst.«

Grete warf Dorli einen schiefen Blick zu.

»Sag bloß, bei uns haben's einbrochen!«

Dorli hüllte sich in Schweigen und stieg aus. Während Grete Bertl begrüßte und dann die Haustür aufschloss, lud Dorli Gretes Gepäck aus. Dann trug sie Koffer und Reisetaschen ins Haus und stellte sie im Vorzimmer ab. Kurz erwog sie, still, heimlich und leise das Haus zu verlassen. Doch dann gewann ihr Verantwortungsgefühl die Oberhand. Wer weiß, wie Grete die Nachricht vom Tod ihres Mannes aufnehmen würde. Sie musste sehen, wie es ihr ging. Und eventuell Hilfe organisieren.

Als sie das Wohnzimmer betrat, hörte sie Schluchzen aus der angrenzenden Küche. Dort saßen Bertl und Grete, und Grete zupfte eben ein weiteres Taschentuch aus der Box am Tisch.

»Aber wer macht denn so was? Der Hias hat doch nie wem was tan!«

»Das wissen wir noch nicht«, antwortete Bertl und bedeutete Dorli, sich auf den nächsten freien Stuhl zu setzen. »Aber ganz in der Nähe wurde eine alte Dame ermordet, die rein zufällig hier war, eine Tagestouristin. Wir vermuten, dass sie Zeuge des Mordes geworden ist und daher auch sterben musste.«

Grete schluckte schwer und putzte sich wieder die Nase.

»Darum hab ich den Hias nie erreicht, wenn ich ang'rufen hab«, nuschelte sie ins Taschentuch.

»Und warum haben S' nicht bei einer Freundin nachgefragt, was los ist? Oder bei der Polizei?«

»Sie kennen den Hias net. Der ist oft net ans Telefon gangen. Entweder, weil's ihn einfach net g'freut hat, oder, weil er's gar net g'hört hat. Er ist in den letzten Jahren immer terrischer worden. Aber ein Hörgerät hätt er niemals benutzt. Abgesehen davon, dass es einfach zu teuer g'wesen wär. Eigentlich war i erst heute besorgt, wie er mi net vom Bus abg'holt hat. Denn verlässlich war er immer, der Hiasi, sein ganzes Leben lang. Und pünktlich.«

»Na gut, Frau Grebenzer, ich lass Sie jetzt mal in Ruhe auspacken. Vielleicht können Sie morgen Vormittag auf die Inspektion kommen? Wir hätten da schon noch ein paar Fragen an Sie. Nur eines noch: Hatte Ihr Mann Feinde?«

»Der Hiasi? Sicher net! Immer freundlich und hilfsbereit, fast schon deppert. Er hat sich ausnutzen lassen. Von jedem.«

Jetzt flossen die Tränen wieder reichlich. Bertl erhob sich und bedankte sich bei Dorli, dass sie sich um Grete kümmerte.

Als er das Haus verlassen hatte, nahm Dorli Gretes Hand.

»Kann ich dir irgendwie helfen?«

»Find den Scheißkerl, der meinen armen Hiasi umbracht hat.«

»Aber Gretel, das ist Sache der Polizei.«

»Geh, die finden ja net einmal ihre eigenen Fiaß, wenn'st ihnen net sagst, dass in die Socken stecken. Bitte schau, dass der Mörder net so einfach davonkommt. Versprich mir das in die Hand, Dorli.«

»Ich versprech's dir. Und jetzt mach ich uns einen Kaffee. Oder willst lieber an Schnaps?«

Grete schüttelte den Kopf. »Kaffee. I muass nachdenken. Da brauch i an klaren Kopf.«

Als Dorli die Kaffeetassen auf den Tisch stellte und das starke Gebräu einschenkte, hatte sich Grete einigermaßen beruhigt.

»Sag, Grete, du hast mir erzählt, dass dich Hiasis Chef zur Reha gefahren hätte. Aber der Karl hätte dir doch sicher sofort Bescheid gegeben, als der Hias gefunden wurde.«

»Na, das war doch net der Karl. Der Hiasi hat zu der Zeit für den Meixner Toni gearbeitet. Weißt eh, das war kurz vor Beginn der Pechersaison. Da ist no ka Arbeit im Wald. Und der Meixner hat wen braucht.«

Das erklärte einiges. Anton Meixner lebte recht zurückgezogen. Sein Hof lag ein ganzes Stück außerhalb, und er kam selten in den Ort. Immer nur, wenn es geschäftlich notwendig war. Aber dem müsste doch zumindest aufgefallen sein, dass der Hias nicht mehr zur Arbeit erschien! Warum hatte er sich nicht danach erkundigt, was mit seinem Arbeiter geschehen war? Oder war das passiert, als der Hias seinen Dienst beim Toni schon beendet hatte? So musste es wohl gewesen sein. Sie würde dem Meixner einen Besuch abstatten und ihn einfach fragen. Was für eine rundherum saublöde G'schicht.

Die Grete öffnete eine Schranktür und nahm eine Dose heraus.

»Willst ein Kekserl zum Kaffee? I hab noch immer Weihnachtsbäckerei. I frier immer einen Haufen ein und tau sie dann portionsweise wieder auf. Der Hiasi hat sie so gern gegessen. Was mach i denn jetzt damit? I darf nämlich gar nix naschen, i hab Diabetes.«

Das, dachte Dorli, würde bald ihre geringste Sorge sein. Denn auf Grete kam eine Menge zu. Das Begräbnis organisieren, die Verwandten benachrichtigen, die Behördenwege, die Verhandlungen mit der Pensionsversicherung wegen einer Witwenrente. Sie würde jedes bisschen Kraft brauchen, das sie bei der Rehabilitation getankt hatte.

19

»Schau, Mama, da weinen die Bäume.« Das kleine blonde Mädchen an der Hand seiner Mutter wies auf einen Baum am Rand des Föhrenwaldes.

»Bäume weinen nicht, du Baby!«
Die große Schwester verzog verächtlich den Mund.
Karl Kinaski lächelte die Kleine an. »Du hast recht. Man nennt das auch Pechtränen, wenn es so in die Häferln rinnt.«

Das kleine Mädchen drehte der großen Schwester eine lange Nase.

Karl Kinaski führte heute eine Gruppe von Kindern mit ihren Eltern über den Pecherlehrpfad. Obwohl er seit dem Fund von Hias' Leiche schon öfter hier gewesen war, gab es ihm jedes Mal wieder einen Stich, wenn er an der Stelle vorbeikam, wo der Hias gestorben war.

Die Kinder waren immer sehr interessiert und fragten, warum die Bäume geritzt wurden, was mit dem gewonnenen Pech geschah, warum nur so wenige Bäume behandelt wurden, wo es doch gerade hier in der Gegend so viele davon gab.

Der Höhepunkt war jedes Mal, wenn einer der alten Pecher wieselflink die hohe Leiter erkletterte und dann außen dran herunterrutschte. Das war eine Erfindung des Hias gewesen. Als er mit der Pecherei anfing, hatten sich alle den Kopf zerbrochen, wieso der Hias fast ein Drittel mehr Bäume behandeln konnte als seine auch nicht gerade langsamen Kameraden. Bis sie den Trick mit der Leiter herausfanden. Weil er nicht Sprosse für Sprosse herunterkletterte, sondern die Leiter zwischen Arme und Beine klemmte und einfach herunterrutschte. Das ging viel schneller, und dadurch gewann er Zeit für mehr Bäume.

Es war schon eine Schande, dass der Hias kurz vor Erreichen des Pensionsalters ermordet wurde. Als ob da einer von der

Pensionsversicherung schnell einen präsumtiven Anwärter aus dem Verkehr gezogen hätte. *Verdammt, was für eine blöde Idee!* Aber alle anderen Vermutungen ergaben auch nicht viel mehr Sinn. Warum sollte jemand ausgerechnet den Hias umbringen?

20

»Schatzerl, du kannst ganz ruhig sein. Meine Mama ist zu ihrer Schwester g'fahrn. Wir haben alle Zeit der Welt.«

Doch das Mädchen zierte sich. »Mausel, wenn'st es nicht gewollt hättest, wärst ja gar nicht mitgegangen. Hab ich recht?«

Die Kleine zog eine Schnute, ließ sich aber wenigstens wieder küssen. Sie war eine leidenschaftliche kleine Hexe. Aber sie war so ängstlich, dass Mutter sie erwischen könnte. Immerhin war sie schon einmal halb nackt aus dem Haus geworfen worden.

Doch heute war alles anders. Sanft streifte er ihr die Kleider vom Leib. Streichelte ihre zarte Haut an den Innenseiten der Schenkel, sog liebevoll an ihren kleinen Brüsten. Sie stöhnte, und als er sich nicht länger beherrschen wollte, drang er langsam in sie ein. Ihre Körper verschmolzen miteinander in nie gekannter Seligkeit. Als er merkte, wie nahe sie dem Höhepunkt war, stieß er kräftiger in sie. Sie kamen gemeinsam. Doch plötzlich spürte er, dass sie in seinen Armen erstarrte. Er blickte in ihr Gesicht und sah angstvoll weit aufgerissene Augen, groß wie Untertassen. Und dann hörte er, was sie so erschreckt hatte.

»Ist die Hur schon wieder in unserm Haus? Raus! Auf der Stelle hinaus!«

Er setzte zu einer Erwiderung an, doch seine Mutter unterbrach ihn barsch. »Und wenn du den Trampel noch einmal mitbringst, dann kannst gleich mit ihr verschwinden.«

Er wollte immer noch etwas sagen. Doch seine Mutter verpasste ihm eine Ohrfeige, dass sein Kopf summte. »Halt die Pappen, is besser für di!«

Das Mädchen war voll Entsetzen aus dem Bett gesprungen, hatte seine Kleider zusammengerafft und war ohne Schuhe durch das Fenster geflüchtet. Das war wohl ihr letztes Treffen gewesen. Dabei liebte er sie mit jeder Faser seines Herzens. Doch gegen seine Mutter kam er nicht an. Und sie würde jedes Mädchen aus dem Haus ekeln. Ihr Sohn war ihr persönliches Eigentum, auch noch mit *siebenundzwanzig. Und wiewohl er das messerscharf erkannte, fand er seit Jahren kein Rezept dagegen. Sie manipulierte ihn, er ließ sie gewähren. Muckte manchmal ein wenig auf, um sich gleich darauf wieder willig zu fügen. Er war echt ein Lulu.*

»*Hab ich nicht immer alles für dich getan? Dich und deine Schwester allein großgezogen, als uns dein nichtsnutziger Vater sitzen lassen hat? Machst es jetzt wie deine Schwester, die undankbare Krot, die sich dann auch mit dem erstbesten Scheißkerl vertschüsst hat? Lese ich dir nicht jeden Wunsch von den Augen ab? Und dann tust du mir so was an?*«

Sie schluchzte herzergreifend. Er wusste, das war nur Theater, um ihn bei der Stange zu halten. Trotzdem war er wehrlos gegen ihre Tränen.

»*Es wird nicht wieder vorkommen, Mama.*«

Darauf konnte er wetten, denn das Mädchen würde von nun an einen großen Bogen um ihn und seine Mutter machen.

»*Bist mein Braver. Simma wieder gut?*«

Sie drückte ihn an ihren ausladenden Busen und strich zärtlich über seinen Rücken.

»*Aber ich brauche hin und wieder ...*« *Er geriet ins Stottern.* »*Der ... der Drang ...*«

»*Still, Bub. Wir werden eine Lösung finden. Und jetzt lass uns von was anderem reden.*«

21

»Pass auf, Willi, des mach ma so.«

Ob sie wollte oder nicht, Dorli musste mit anhören, was der Kogelbauer dem Bürgermeister zu sagen hatte, denn irgendwie konnte der sein lautes Organ nicht auf Zimmerlautstärke einstellen.

»Wie haßt denn die alte Hex, der dort alles g'hört?«

»Das ist die Kathl Ganglbauer. Die Witwe vom ehemaligen Feuerwehrkommandanten, Gott hab ihn selig.«

»Von mir aus. Aber die alte Pfludern muass doch schon mindestens neunzig sein. Wir müssen ihr des Land abkaufen. Was macht's denn eh damit, wenn's ins Heim geht? Und Kinder hat's a kane. Bevor das an den Staat fallt, ist es doch besser, es fallt an uns!«

Wenn der Kogelbauer im Nebenraum lachte, konnte man meinen, ein Erdbeben erschütterte das Haus.

Die Antwort des Bürgermeisters konnte Dorli nicht mehr verstehen. Dass die beiden nichts Gutes im Schilde führten, war anzunehmen. Aber welches Grundstück wollten die unbedingt haben, das der Kathl gehörte? Das lag doch alles im Grüngürtel, wo nicht gebaut werden durfte. Das war doch kaum was wert.

Egal, sie musste jetzt dazuschauen, dass endlich der aktuelle Hirtenbrief fertig wurde. Sonst konnte sie sich wieder mal anhören, dass im Sekretariat nichts weiterging. Wobei der Kofler dabei nie die Dumpfbacke Barbara Schöne meinte, sondern ausschließlich sie.

Mit der Schöne war das so eine Sache. Egal, was die zu tun hatte, Dorli musste alles überprüfen. Der Kofler bestand darauf, dass nichts von der Schöne ungeprüft das Haus verließ. Trotzdem ging es den ganzen Tag »Schöne Babsi, kommen S' mal rein!« Und die Schöne ließ alles liegen und stehen, rief: »Sofort, lieber Herr Bürgermeister!«, und tänzelte in sein

Büro. Wenn sie wieder rauskam, war der Rock noch weiter oben als sonst und das Storchennest in stetiger Absturzgefahr. Danach verbrachte die Schöne jedes Mal eine halbe Stunde im Waschraum. Man brauchte nicht allzu viel Phantasie, um sich auszumalen, was »der liebe Herr Bürgermeister« mit der »schönen Babsi« anstellte.

Dabei hatte sich Dorli bis vor Kurzem gar nicht denken können, dass den Willi Kofler irgendwer freiwillig nehmen würde, abgesehen von der Gundi natürlich. Aber hier bewegten sich zwei einfach auf dem gleichen Intelligenzlevel. Beide waren strohdumm.

Erstaunlicherweise hatte Lore ihr vor einiger Zeit eine unglaubliche Geschichte erzählt, die sie von einer ihrer Kundinnen erfahren hatte.

»Kannst di no an die Anita erinnern?«

»Wer soll das sein?«

»Weißt eh, die Anita Kraus.«

»Ach, ich erinner mich dunkel. Die war doch seit dem Kindergarten eine Busenfreundin von der Gundi.«

»Genau. Die beiden gingen durch dick und dünn und schworen sich Freundschaft bis in den Tod. Dann hat sich die Gundl in den älteren Kinaski-Bruder verguckt, da war schon der Wurm in der Freundschaft, denn der hätte der Anita auch gut gefallen. Als der verschwand und sich die Gundl den Kofler anlachte, da war dann der Ofen endgültig aus, denn der hatte zu der Zeit mit der Anita was laufen.«

»Schau, schau. Und ich hab immer glaubt, die Gundl hat ihn aus Mitleid g'nommen.«

»Die Gundl hat immer alles nur aus Berechnung g'macht. Anita hat mit allen Mitteln versucht, die junge Liebe zu stören. Doch das Einzige, was sie sich eingehandelt hat, war das Ende der Freundschaft mit der Gundl und ein Hausverbot beim damaligen Bürgermeister, dem Vater vom Willi. Angeblich hat sie Rache geschworen. Doch seit vielen Jahren hat sie niemand mehr in Buchau g'sehen.«

»Und was ist da dran jetzt so aktuell, dass du mir das erzählst?«

»Die Anita ist wieder da. Die Berner Lisi hat sie in Langebichl getroffen.«

»Und weiß die Lisi, was die Anita dort macht?«

»Sie ist beim Greißler an der Kassa g'sessen. Mehr wusste sie auch nicht.«

Wenn die Gundl so eifersüchtig war, dass wegen dem Willi die Freundschaft mit ihrer ältesten Freundin in die Brüche gegangen war, sollte sie ihr dann nicht vielleicht einen Tipp geben wegen der Schöne? Was die zum Gspusi ihres lieben Gatten mit dem jungen Trutscherl sagen würde? Vermutlich nix Feines!

Dorli rief sich zur Ordnung. Sie musste das alles ausblenden. Ging sie auch gar nichts an. Einfach ihren Partikel runterarbeiten. Am Abend die Tür von außen zumachen und alles vergessen, was mit diesem beschissenen Job zu tun hatte. Dabei hatte sie hier so viele glückliche und zufriedene Arbeitsstunden erlebt, als noch der Altbürgermeister das Sagen hatte. Vorbei, unwiederbringlich.

22

An diesem Nachmittag rief Dorli Frau Ganglbauer an und fragte, ob sie sich am Friedhof beim Grab ihres Mannes treffen könnten.
»Du warst so geheimnisvoll am Telefon. Was ist denn los?«, fragte die alte Ganglbauerin, die sich schwer auf ihren Stock stützte.
Dorli blickte sich unauffällig um. Kein Mensch war am Friedhof zu sehen. »Frau Ganglbauer, ich habe keine Ahnung, was der Kofler und der Kogelbauer vorhaben. Aber die wollen Ihnen unbedingt ein großes Stück Land abkaufen. Und so wie die herumeiern, haben die sicher irgendeine Gemeinheit vor.«
»Ja, die wollen von mir die Wiesen an der Straße nach Langebichl. Ist Grünland, bringt fast nix. Aber schau, ich bin alt, kann eh nix damit anfangen. Kinder hab ich keine, und meine zwei Neffen arbeiten im Ausland, der eine in New York, der andere in Frankfurt. Die brauchen kein Land da. Und der Toni, der dort zweimal im Jahr mäht und als Lohn dafür das Heu für seine Pferderln haben kann, der kann ja auch mit den Käufern darüber verhandeln, ob es nicht so weitergehen kann.«
»Ich glaub, die zwei führen irgendwas Böses im Schilde. Ich würde Ihnen raten, nehmen Sie sich einen Rechtsanwalt und bauen Sie eine Klausel in den Kaufvertrag ein. So in der Art: Sollte in den nächsten fünf Jahren der Verkaufswert aus irgendeinem Grund steigen, zum Beispiel, weil das in Bauland umgewidmet wird, so ist Ihnen die Differenz nachzuzahlen.«
Die Ganglbauerin lächelte verschmitzt.
»Die Idee ist super! Das mach ich. Danke für den Tipp. Denn eines ist sicher, wenn mich die reinlegen wollen, dann sollen's wenigstens nichts dabei verdienen.«
Dorli verabschiedete sich von der alten Kathi mit einem Busserl auf die Wange. Dann marschierte sie mit dem Strauß Blumen aus dem Garten zum Grab ihrer Eltern.
Die nächste Gemeinderatssitzung würde spannend werden.

23

Der Markus hatte sich an seinen Schatz herangemacht. Dabei war er ein Angeber und der größte Aufreißer vom Dorf. Und außerdem trank er zu viel. Nicht hin und wieder, täglich. Er konnte das nicht zulassen. Er musste seine Liebste retten. Dass sie seit dem Vorfall mit seiner Mutter nicht mehr mit ihm sprach, war unerheblich. Er selbst würde sie nie haben können. Aber einer wie der Markus sollte sie auch nicht kriegen. Der würde ihr nur wehtun.

Am Sonntag im Wirtshaus hatte ihn der Markus blöd angequatscht.

»Na, glaubst, dass'd amoi ane findst, die deiner Mama passt?«

»Geh scheißen«, hatte er ihm darauf geantwortet. Und alle hatten ihn ausgelacht. Besonders der Markus, der schon am Vormittag blau war.

Als er an diesem Abend aus Edelbachklamm heimfuhr, wo er mit dem Haidhofer Sepp wegen eines Geschäfts verhandelt hatte, torkelte der Markus aus dem Gasthaus. Er hielt an, halb verborgen von der Hecke neben dem Parkplatz.

»Schau, dass d' weiterkummst, du b'soffene Sau!«, schrie die Susi, die Tochter vom Wirt, hinter ihm her. »Kotzt ma die ganze Schank voll. Du hast Hausverbot! Und zwar für immer!«

Damit schlug sie die Tür hinter Markus krachend zu. Der Markus kroch auf allen vieren ein Stück auf der Straße. Dann stand er schwankend auf. Schüttelte den Kopf und stapfte mit schwerer Schlagseite davon.

Er wartete, bis er sah, welchen Weg Markus einschlug. Dann fuhr er los. An der Weggabelung hielt er an. Als Markus vorbeistolperte und lang hinschlug, stieg er aus. Er reichte ihm seinen Arm.

»Komm, i fahr di heim.«

Rot verquollene Augen versuchten, sein Gesicht zu finden.

»Ah, du bist es! Dank dir!«

Er bugsierte Markus auf den Beifahrersitz, wo noch die Plastikplane lag, mit der er normalerweise den Kofferraum des Vans auslegte, wenn er schmutziges Zeug transportierte. Kaum war er eingestiegen und angefahren, hörte er Schnarchlaute vom Beifahrersitz.

Mit ausgeschalteten Scheinwerfern rollte er in den Hof. Besser, es sah ihn jetzt keiner. Er fuhr direkt in die Scheune. Dann schloss er ganz leise das große Tor. Er zerrte den schlafenden oder bewusstlosen Mann in einen Raum dahinter. Der war vom Boden bis zur Decke gefliest. Vor Wochen hatte er dort einige eiserne Ringe in der Wand angebracht. Mit einer Kette hängte er den Markus jetzt an die Ringe. Dann nahm er den Schlauch und richtete den kalten Wasserstrahl auf den Betrunkenen.

»Wa… was … is?« Mit geschlossenen Augen versuchte Markus seine Arme vors Gesicht zu legen. Doch das ging nicht. Er schlug die Augen auf. Mittlerweile zitterte er am ganzen Körper. »Du? Was soll denn das werden?«

Ah, er war also halbwegs klar.

»Ich muss dich ausnüchtern. So kannst doch net heimgehen zur Mama.«

»Scheiße. Dann lasst mi halt da schlafen.«

»Vielleicht.«

Er stellte das Wasser ab. Trat zu Markus und nahm ein scharfes Tranchiermesser vom Tisch. In Markus' Augen glomm Furcht auf.

»Mach dir net ins Hemd. Ich schneid dir nur die angekotzten Fetzen vom Leib. Du stinkst ja elendiglich.«

Markus schüttelte den Kopf. »Wenn'st mich losbindest, kann ich mich selber ausziehen.«

Er setzte das Messer an und schlitzte Markus' Kleider von oben bis unten auf.

»Bist deppert? Du hast mi g'ritzt!«

»Des wird bald dei klanste Sorg sein.«

Er riss Markus die Kleiderreste vom Leib.

»Und jetzt hol dir einen runter.«

»Du bist mehr besoffen wie i. Und wieso hast eigentlich meine Händ an die Wand g'fesselt?«

»Wart's ab.«

Er entledigte sich seiner Kleider. Sonst wurde er am Ende noch schmutzig.

»Denk an die Gretel. An ihre weißen Brüste. An die zarte Haut auf der Innenseite der Schenkel. Wie eng sie ist, wenn du in sie eindringst.«

»Du bist total verrückt«, murmelte Markus.

Der Kerl schlief fast schon wieder. Er legte die Hände um Markus' Hals und drückte zu. Markus riss die Augen auf. Versuchte, etwas zu sagen. Versuchte zu schlucken. Ein Ausdruck namenloser Panik erschien in seinen Augen.

Da spürte er, dass ihn das mehr antörnte, als es jemals ein Mädchen gekonnt hatte. Während er in Markus' brechende Augen sah, ejakulierte er auf dessen im Todeskampf zuckenden nackten Körper.

Jetzt endlich war Töten kein mühevolles Abmurksen eines gequälten Tieres. Es war auch nicht zu vergleichen mit dem Auslöschen seines elenden Vaters. Das hier war reine Lust!

Zitternd nahm er seine Hände von Markus' Hals. Er war noch nicht tot. Nicht ganz. Wenn er Glück hatte und sich der Kerl wieder erholte, konnte er dieses wunderbare Erlebnis wiederholen.

Er warf einen Blick auf die Uhr an der Wand. Erst halb eins. Vor fünf würde keiner aufstehen. Er hatte jede Zeit der Welt.

Er nahm den Schlauch und spritzte Markus mit kaltem Wasser ab. Spuckend und hustend kam dieser zu sich.

»Das war wunderschön. Das machen wir später noch einmal.«

Die grenzenlose Panik in Markus' Augen ließ sein Glied pochen. Am liebsten hätte er gleich weitergemacht. Doch er wusste, die Vorfreude gehörte auch zum Spiel. Ob es ebenso viel Spaß machen würde, den Scheißkerl zu foltern?

24

Dorli fuhr in den Reiterhof des Meixner ein. Sie war seit Jahren nicht hier gewesen und sah mit großen Augen, was der Toni aus dem Boden gestampft hatte.

Sie hatte gehört, dass er jetzt Pferde hielt, Reitunterricht gab, sogar Pferde züchtete. Doch was sie nun erblickte, übertraf alle ihre Erwartungen bei Weitem. Mehrere riesige Koppeln lagen entlang der Zufahrtsstraße. Bevor man zum eigentlichen Wohnhaus kam, standen eine Reihe neuer Ställe, davor im Hof Tränken für die Pferde, eine Remise mit zwei Pferdewagen, eine weitere Koppel mit Hindernissen für ein Sprungturnier.

Das Wetter strahlte mit dem Hof um die Wette. Es war sonnig und warm, und der milde Wind brachte ein erstes Ahnen des kommenden Sommers mit. Es roch nach frisch gemähtem Gras, nach Pferden und blühenden Büschen.

Drei junge Mädchen kamen Dorli lachend und plaudernd entgegen, jedes hoch zu Ross. Die Kinder wirkten winzig auf den Pferden, doch sie zeigten keine Angst und schienen mit den Tieren vertraut.

Den Grundstein für den Reiterhof hatte Toni vor vielen Jahren dadurch gelegt, dass er Kosovo-Flüchtlinge bei sich aufnahm. Was ihn im Ort nicht gerade beliebter gemacht hatte. Die wollten keine Ausländer hier haben. Schon gar keine Jugos. Und Toni nahm ein gutes Dutzend von denen bei sich auf. Einer war dabei, Jovan, der richtig gut mit Pferden umgehen konnte. Ein Pferdeflüsterer. Toni hatte eben angefangen, ein paar Ponys bei sich am Hof einzustellen und Kinder im Kreis reiten zu lassen. Jovan brachte ihm alles bei, was es über Pferde, Stallungen, richtige Haltung, Zucht, Wettbewerbe und Unterricht zu wissen gab. Dafür hatte Toni ihn und seine Familie bei sich behalten, als die meisten anderen Flüchtlinge in ihre Heimat abgeschoben wurden. Und es hatte sich gelohnt. Was vorher ein kleiner, ärmlicher Bauernhof mit viel Brachland drum herum gewesen war, erstrahlte in neuem Glanz.

Kein Wunder, dass man Toni und seine Arbeiter kaum jemals im Dorf sah. Dieser riesige Reiterhof verschlang wohl jede Menge Zeit.

Dorli traf Jovan bei den Ställen.

»Wo find ich den Toni?«

Jovan grinste und zeigte Richtung Stall. »Er bringen grad ein Fohlen auf Welt.«

Doch das stimmte nicht ganz. Das Fohlen war schon geboren, als Dorli zur letzten Box im Raum trat. Toni rieb es mit Stroh und einem rauen Tuch ab. Eigentlich war Toni ein fescher Kerl, obwohl er sicher schon um die fünfzig sein musste. Groß, kräftig, dunkles Haar, immer akkurat geschnitten. Selbst in den dreckigen Arbeitsklamotten sah er gut aus. Seltsam, dass er nie eine Frau gefunden hatte. Er war wohl mit seinem Betrieb verheiratet. Und außerdem ein großer Schweiger.

»Hallo, Toni! Stör ich?«

»Nein. Ist schon alles vorbei.«

»Mei, ist das süß! Gab's Probleme?«

»Diesmal nicht.«

Er erhob sich und band die blutige Gummischürze ab.

»Was führt denn dich zu mir?«

»Nur ein paar Fragen.«

»Schieß los!«

»Du hast sicher gehört, dass der Hias tot aufgefunden wurde. Die Grete hat uns erzählt, dass er bei dir gearbeitet hat. Hast du ihn nicht vermisst?«

»Der Matthias ist tot? Das kann ich gar nicht glauben. Der war doch noch topfit!«

»Er ist auch nicht einfach gestorben, er wurde ermordet.«

»Meine Herren, wer tut denn so was?«

»Das fragen wir uns alle. Aber du hast meine Frage nicht beantwortet. Ist er dir nicht abgegangen?«

»Nein. Er hat vor vier Wochen bis zum Montag, das war, glaub ich, der Fünfundzwanzigste, bei mir gearbeitet. Er hat neue Boxen für die Pferde gebaut. Zwei Ponys und dieser kleine Bursche da brauchten einen eigenen Verschlag. Die hat mir der Matthias gezimmert. Ich hab dafür die Grete zu ihrer Rehabilitation gebracht und den Matthias außerdem noch gut bezahlt. Am Dienstag wollte er im Wald anfangen.«

»Das hat er anscheinend auch getan. Aber nicht lang. Dann hat ihm wer das Licht ausgeblasen.«

»Das tut mir ehrlich leid. Er war ein hervorragender Tischler. Und ein netter Kerl.«

»Ja, das war er. Danke, dass du mir Auskunft gegeben hast. Jetzt verstehe ich, wieso er niemandem abgegangen ist.«

Toni wusch sich im Waschbecken an der Stirnseite des Stalls die Hände.

»Kann ich sonst noch was für dich tun? Willst auf ein Glaserl Wein ins Haus kommen?«

»Ein andermal gern, Toni, aber heute muss ich weiter. Meine Kollegin ist krank, und ich bin allein im Amt. Da muss ich pünktlich nach der Mittagspause zurück sein.«

»Na dann! Lass dich wieder mal blicken. Vielleicht willst reiten lernen?«

»Geh weiter! Mit siebenunddreißig werd ich anfangen, vom Pferd zu fallen!«

»Jaja, ich hab g'hört, du fallst lieber von deiner Maschin.«

»Bis jetzt hab ich das vermeiden können. Und ich hoff, das bleibt so. Immerhin wirft mich die nur ab, wenn ich blöd fahr. Also, man sieht sich.«

Toni legte zwei Finger an die Schläfe und winkte ihr einen lässigen Gruß zu.

25

Agnes stand unter der Dusche, als das Telefon bimmelte. Sollte sie rausspringen und nass durch die Gegend hüpfen? Nein. Wenn es wichtig war, würde sich der Anrufer sicher nochmals melden. Und wenn es Anselm war? Dann war es jetzt auch zu spät, denn der Klingelton endete abrupt.

Agnes spülte das restliche Shampoo vom Kopf und kletterte aus der Kabine. Sie wand ein Handtuch wie einen Turban um ihr nasses Haar und hüllte sich in ein dickes, flauschiges Badetuch. In dem Moment läutete das Telefon schon wieder.

Sie nahm ab und hörte durch Rauschen und Knacken eine fremde Stimme.

»Wer spricht? Ich kann Sie nicht verstehen!«

»Leif Østergard hier, von der Neumayer-Station«, drang es plötzlich ganz klar an Agnes' Ohr.

»Ja, bitte?«

Sie ließ sich auf den nächsten Stuhl fallen. Anselm?

»Es tut mir leid, ich habe eine ziemlich schlimme Nachricht für Sie.«

»Nein! Was ist mit meinem Bruder?«

»Er ist seit heute früh vermisst.«

Vor Agnes' Augen tanzten weiße Sterne. *Nicht auch noch Anselm. Das halt ich nicht aus!*

»Was heißt vermisst?«, krächzte sie in den Apparat.

»Zwei Wissenschaftler sind nach einem Außeneinsatz nicht rechtzeitig zurückgekehrt. De Bontemps und zwei weitere Männer gingen raus, um sie zu suchen und zurückzubringen. Zwei Männer kamen zurück und hatten einen der Wissenschaftler dabei. Die Wissenschaftlerin und Ihr Bruder kehrten nicht heim, und ein weiterer Suchtrupp blieb ebenso erfolglos.«

»Und was heißt das jetzt?«

»Nun, sehen Sie … die Temperaturen liegen derzeit bei minus dreiundvierzig Grad, Tendenz fallend. Dazu bläst ein strammer Wind. Wenn sich Ihr Bruder und die vermisste Frau nicht in ein Gebäude oder eine Höhle retten konnten, dann sind sie innerhalb kürzester Zeit erfroren.«

Agnes schluchzte trocken auf. »Aber er könnte auch noch leben, oder?«

»Könnte, ja. Doch die Chancen stehen eins zu einer Million.«

»Und wer sucht jetzt weiter?«

Auf der anderen Seite blieb es still.

»Sind Sie noch dran?«, fragte Agnes.

»Ja. Das Problem ist, wir können niemanden mehr zur Suche abstellen. Das Wetter wird zunehmend schlechter. Wir müssen uns verbarrikadieren. Und wir können nicht riskieren, noch jemanden da draußen zu verlieren.«

»Das heißt, Sie suchen meinen Bruder nicht einmal?«

Agnes wurde bewusst, dass sie wie eine Irre in den Hörer brüllte.

»Wir haben getan, was wir konnten. Es tut mir leid.«

»Es wird Ihnen noch viel mehr leidtun, wenn Sie sich nicht in der Sekunde auf die Socken machen und einen Suchtrupp zusammenstellen. Anselm ist nicht tot!«

»Sorry.«

Der verdammte Scheißkerl hatte einfach aufgelegt! Agnes schluchzte laut auf und schleuderte das Telefon in hohem Bogen durchs Zimmer. Nicht auch noch Anselm! Nachdem sie doch eben Tante Leni verloren hatte.

Verdammt, was sollte sie tun, was konnte sie denn überhaupt tun, vom anderen Ende der Welt aus? Der Detektiv! Er musste dort hin. Er sollte einen Suchtrupp zusammenstellen. Er würde Anselm finden, tot oder lebendig. Nein, nur lebendig!

Agnes griff sich das Telefonkabel und zog damit den Hörer zu sich. Er hatte einen Sprung davongetragen. Doch das war ihr egal. Sie erreichte Wolfgang Schatz und trug ihm ihren Wunsch vor.

»Das kann ich nicht!«, stotterte der. »Ich habe keine Ahnung von der Gegend, ich kenn dort niemand, mir fehlt die geeignete Ausrüstung, das geht nicht.«

»Dann besorgen Sie sich das!«, schrie Agnes in höchster Verzweiflung. Warum wollte ihr denn kein Mensch helfen?

»Hören Sie, für diese Temperaturen braucht man ein Langzeittraining, und –«

»Das interessiert mich alles nicht. Mein Bruder ist da draußen in einer Schneehölle, und keiner hilft ihm. Tun Sie was, irgendetwas. Ich zahle, was immer Sie verlangen.«

26

Dorli saß beim Frühstück, Lockenwickler im Haar, den Bademantel offen, darunter einen geblümten Pyjama. Idefix lag unter dem Tisch, wärmte ihre Füße und knabberte hingebungsvoll an einem Kauknochen.

»Na hör mal, sabber nicht auf mein Schienbein!«

Sie schubste den Hund ein wenig zur Seite. Der sprang auf, als hätte sie ihn getreten.

»Wuffel, was ist mit dir los? Das war doch nur ein ganz leichter Knuff!«

Doch Idefix musste etwas gehört haben. Er startete zur Tür und bellte.

Als Dorli die Eingangstür öffnete, fiel ihr ein verknautschter Lupo entgegen, der aussah, als hätte er die Nacht im Straßengraben verbracht.

»Was soll ... soll ich nur tun?«, stotterte er ihr statt eines Grußes entgegen.

»Hereinkommen!«, entgegnete Dorli trocken. »Und dann erzählen. Schön langsam und der Reihe nach.«

Sie geleitete Lupo in die Küche, stellte eine Kaffeeschale vor ihn auf den Tisch und füllte sie mit frisch gebrühtem Kaffee.

»Semmerl dazu?«

Normalerweise hätte sie jeden, der es wagte, sie bei ihrem heiligen Wochenendfrühstück zu stören, ungespitzt in den Boden gerammt. Doch Lupo sah derart derangiert und neben der Spur aus, dass sich so etwas wie Mitgefühl in ihr Herz schlich.

»Sie will, dass ich in die Antarktis geh«, murmelte Lupo undeutlich.

»Das habe ich mir bei einigen Verehrern früher auch gewünscht. Aber ich kenne keinen, der das je ernst genommen hätte.« Dorli konnte ein belustigtes Grinsen nicht unterdrücken. Hatte der Bursche Liebeskummer?

»Nein, Sie verstehen das nicht. Ich soll ihren Bruder suchen.«

Also dienstlich. »Wissen Sie was? Fangen Sie mit dem Anfang an. Wer ist ›sie‹? Und warum sollen Sie den Bruder suchen?«

»Herrgott, warum hab ich den Auftrag nur angenommen?«

»Sie haben einen Auftrag für die Antarktis angenommen?« Das konnte doch wohl nicht wahr sein. Der Typ war ja in gemäßigten Breiten kaum allein lebensfähig.

»Nein. Den vorigen.«

Dorli kannte sich jetzt gar nicht mehr aus.

»Und was hab ich damit zu tun?«, fragte sie.

»Zu wem sollte ich denn sonst gehen?«, fragte er und blickte sie mit Dackelblick an.

Ach so war das! Sie war jetzt die österreichische Ausgabe der Klagemauer! Na, mit dem Kerl hatte sie sich schön was eingetreten. Entschlossen zog sie ihren Bademantel dichter um ihren Körper, nestelte die Lockenwickler aus dem Haar und schob Lupo das Körberl mit dem Gebäck und den Teller mit dem Aufschnitt hin.

»Essen S' einmal Frühstück. Ich zieh mich schnell an. Und dann reden wir.«

Lupo nickte, zerbröselte den Oberteil einer Semmel zwischen den Fingern und nippte am Kaffee. Sein Blick weilte in weiter Ferne.

Dorli, das wird ein hartes Stück Arbeit!

Als Dorli wieder in die Küche kam, hatte Lupo den Tisch leer gefressen. Immerhin hatte er das Brotkörberl und die Kaffeetasse übrig gelassen. Nun, wenn das sein Selbstbewusstsein wenigstens wieder in die Nähe des Niveaus eines kleinen Säugers hob, war es die Investition wert.

»Also, was ist los, Lupo?«

»Ich soll den Bruder meiner Auftraggeberin suchen.«

»Das habe ich mitgekriegt. Was ist das Problem dabei?«

»Er ist in der Antarktis vermisst. Ich soll ihn suchen und habe keine Ahnung, wie und wo. Ich lass mich doch in der Schneewüste nicht von einem Eisbären fressen!«

»Junge, Junge, in welcher Baumschule haben denn Sie Ihre

Ausbildung bekommen? Eisbären gibt es am Nordpol, aber nicht in der Antarktis.«

»Sicher?«

»Wenn nicht, können Sie mich ja hinterher wegen Falschaussage verklagen!«

»Hahaha. Aber was soll ich denn jetzt nur machen?«

»Aufhören zu flennen. Hirn einschalten. Delegieren.«

»Häh?«

»Also. Sie können dort gar nix ausrichten, denn Sie brauchen Minimum zwei Tage, bis Sie überhaupt in der Gegend sein könnten. Was macht man in so einem Fall? Man sucht sich einen Partner vor Ort. Wo findet man den? Im Internet. Außer man kennt wen. Kennen Sie jemanden in Chile? In Argentinien, auf den Shetlands?«

Lupo schüttelte wie betäubt den Kopf. Dorli scheuchte ihn aus der Küche in ihr Arbeitszimmer, zum Computer.

»Dann heißt es jetzt suchen. Detektive in diesen Ländern. Agenturen, bevorzugt mit Spezialausrüstung oder Hundeschlittenführer. Aber vorher rufen Sie diese Agnes Schneider nochmals an und fragen sie, ob der Bruder nicht ohnehin schon aufgetaucht ist.«

Lupo sah sie an wie das siebte Weltwunder.

»Herrgott, haben Sie eine Energie! Und was für Ideen!«

»Die Lobeshymnen können Sie sich für später aufheben. Der Bursche, der da in der Antarktis vielleicht in einem Schneeloch hockt, friert sich sicher schon den Arsch ab. Also Tempo, Tempo!«

Unter Dorlis Anleitung und mit Hilfe ihrer verbalen Tritte in den Hintern fragte sich Lupo in der nächsten Stunde zu einem anerkannten und erfolgreichen Suchteam aus dieser Gegend vor, Sorgen Enterprises.

Lupo sprach mit dem Chef, Jorge Banderas, über Skype.

»Im Moment können wir nichts tun. Wir können nicht fliegen. Es ist zu kalt und zu stürmisch. Aber in den nächsten Stunden sollte der Wind nachlassen und das Wetter besser werden. Dann bringen wir einen Trupp zur Neumayer und schicken ein bestens ausgerüstetes Team los. Die haben Wärmebildkameras, Bewegungsscanner und was der Stand der Technik hergibt. Wenn irgendwas Lebendiges in der Gegend sein sollte, kriegen sie es auf ihr Radar. Allerdings sollten Sie sich darüber im Klaren sein, dass die Chancen äußerst gering sind, dass der Mann den Sturm im Freien überlebt haben könnte.«

»Tun Sie Ihr Bestes. Und ich werde mich darum kümmern, dass Sie einen angemessenen Vorschuss überwiesen bekommen.«

»Danke.« Banderas' Gesicht verschwand vom Monitor.

»Na schön, Sie Held.« Dorli fuhr den PC herunter. »Sie haben alles Menschenmögliche getan. Jetzt rufen Sie Agnes Schneider an und bringen ihr die frohe Kunde. Und dann heißt es warten. Und weil ich heute meinen großzügigen Tag hab, lade ich Sie auf ein Mittagessen ein.«

»Nein, kommt gar nicht in Frage! Ich lade Sie ein. Das ist doch das Mindeste, was ich tun kann. Ohne Sie würde ich wie ein Häuferl Elend zu Hause herumsitzen und hätte keine Ahnung, wie ich aus der Nummer rauskomm. Aber verraten Sie mir eines, wieso kennen Sie sich mit Computer und Internet so gut aus?«

Dorli grinste. »Jeder hat so seine Geheimnisse.«

Wobei ihr diesbezügliches daher rührte, dass sie nicht auf die Kenntnisse ihres unzuverlässigen Bruders angewiesen sein wollte, der immer dann partout keine Zeit hatte, wenn sie etwas dringend erledigen musste und der Computer streikte. Zudem war sie in technischen Dingen nicht ungeschickt. Immerhin behob sie kleinere Störungen an Motorrad und Auto auch selbst. Daher hatte sie ein paar Kurse absolviert, immer gut aufgepasst, wenn Georg bei ihr etwas reparierte oder installierte, und den Rest auf dem steinigen Weg von Versuch und Irrtum erlernt. Mühsam, aber effektiv. Wodurch sie sich auch die mitleidig vorgebrachte Besserwisserei Georgs ersparte. Denn wenn er mit einer affenartigen Geschwindigkeit auf ihrem Computer wild herumgehackt hatte, ohne ihr eine Chance zu geben, seine Aktionen nachzuvollziehen, hatte er sie spüren lassen, was sie für ein armes, dummes Hascherl war. Aufgeschmissen ohne Mann. Aber wenn sie alles Mögliche war, eines wollte sie nie im Leben sein: abhängig von einem Mann. Am allerwenigsten von ihrem wehleidigen Bruder. Aber das brauchte Lupo nicht zu wissen.

27

In der Nacht, als seine Mutter starb, hatte er sich mit einem kleinen Jungen amüsiert. Der Michi war ein Kind mit einem Gesicht wie ein Engel. Doch sein Verstand war nicht einmal so hoch entwickelt wie der eines Regenwurms. Wann immer er jemanden auf der Straße traf, sang er: »I bin a Kind, a deppertes, in meinem Hirn, da scheppert es!« Und danach lachte er sich kringelig.

Er war einfach zu ihm ins Auto gestiegen, hatte gelacht, gesungen und gebrabbelt. Er hatte ihn mitgenommen und ihm ein kleines Ferkel in den Arm gelegt. Das streichelte der Bub und küsste es, während er sich mit ihm zu amüsieren versuchte. Doch es machte keinen Spaß, weil der Junge keine Angst hatte, ja sich nicht einmal wehrte. Der Dorfdepp tat ihm sogar irgendwie leid. Der hatte sicher noch nie seinen kleinen Mann irgendwo reinstecken dürfen. So sollte eigentlich keiner abtreten müssen.

Er sperrte die Schlachtkammer ab und stieg ins Auto. Fuhr bis nach Reinhof und gabelte dort am Bahnhof eine Prostituierte auf, die sehr jung aussah und kaum Deutsch konnte. Sie stieg zu ihm ins Auto und wollte sich gleich an seinem Hosenschlitz zu schaffen machen.

»Nein«, wehrte er ab. »Nicht ich. Ich brauch dich für meinen behinderten Sohn. Das macht dir doch nichts aus? Ich zahl dir dafür das Dreifache.«

Er hatte keine Ahnung, ob sie ihn verstanden hatte. Aber die drei großen Geldscheine überzeugten sie. Sie nickte lächelnd. Als er in den Hof einfuhr, blickte sie neugierig zum Fenster hinaus.

»Du Bauer?«

Er nickte.

»Mein Papa auch. Schön hier. Wo dein Sohn?«

»Sein Zimmer liegt hinter der Scheune im Anbau. Komm, steig aus.«

In der Scheune ließ er sie vor sich gehen und griff nach der Spritze, die er in der Jackentasche hatte. Ein Narkotikum, mit dem man die

Schweine ruhigstellte, wenn man sie verarzten musste. Er rammte ihr die Spritze in den Hintern, einfach durch die Kleider. Das Zeug wirkte prompt. Sie wankte und fiel, er fing sie auf.

»Schau, was ich dir mitgebracht habe«, begrüßte er den Dorfdeppen. »Ich zeig dir, was du mit ihr machen musst. Dann freut sie sich und wacht auf. Sie hat dich ganz doll lieb!«

Der Michi strahlte über das ganze Gesicht. Als es so weit war, würgte er ihn. Erst leicht, dann immer stärker. Der Junge starb lächelnd.

Er drehte sich um und zog das Mädchen auf sich drauf. »Wenn du schon da bist, kannst es mir auch besorgen.«

Sie war schon fast wach und richtig gut. Schade, dass das aufhören würde, wenn er sie ...

Vielleicht konnte er sie noch ein, zwei Tage am Leben lassen? Gefesselt und geknebelt. Den Schlachtraum betrat außer ihm niemand.

Er musste nur den Jungen entsorgen. Die junge Hure durfte dabei zusehen. Ihr Gesichtsausdruck brachte ihn fast wieder zum Orgasmus. Gewissenhaft trennte er den Kopf vom Rumpf, zerteilte den Rest des Torsos in handliche Stücke und warf alles draußen in den Schweinekoben. Bis morgen früh würde nichts mehr übrig sein. Den Kopf wickelte er in einen Plastiksack und nahm ihn mit in sein Zimmer. Dort lag, verborgen hinter einer Bücherwand, ein weiterer Raum. Sein Kopfkino. Hier unterhielt er sich mit seinen Köpfen. Damit die Schädel gut erhalten blieben und nicht zu stinken begannen, goss er sie in Harz ein. Da standen schon etliche in Blöcken auf einem Regal. Jeder Einzelne von ihnen hatte eine eigene Geschichte und ihm zu ungeheurer Befriedigung verholfen. Und sie taten es noch. Denn die Erinnerung an ihren Tod und seine Allmacht, Herr über Leben und Tod zu sein, klang nach. Seit Neuestem hatte er auch eine Kamera im Schlachtraum installiert und filmte mit, was er mit seinen Spielkameraden trieb. Was waren dagegen die mickrigen Pornos, die sich seine ehemaligen Schulkollegen reinzogen? Kinderkram!

Doch heute hatte er noch Frischware. Mittlerweile musste sie ganz wach sein. Er freute sich unbändig auf die Angst in ihren Augen. Die in Panik umschlagen würde, wenn sie merkte, dass es zu Ende ging. Seine Lenden pochten.

Doch diese Nacht endete ganz anders als geplant. Als er beschwingt und hungrig wie ein Wolf zum Frühstück erschien, war seine Mutter noch nicht aufgestanden, der Herd kalt, weder Kaffee noch Brote für ihn vorbereitet.

Er sprang in den ersten Stock, klopfte dröhnend an Mutters Tür und rief: »Aufstehen! Du hast verschlafen!«

Doch nichts geschah.

»Mama? Is was?«

Keine Antwort. Er rüttelte an der Tür. Abgeschlossen, wie immer. Ein kräftiger Tritt mit dem Arbeitsstiefel löste das Problem. Seine Mutter lag regungslos im Bett. Sie war bereits kalt.

Er musste den Doktor anrufen. Der würde kommen, vielleicht sogar die Polizei, der Leichenwagen, hundert verdammte Leute würden auf dem Hof herumtanzen, und er hatte die Hure noch immer in seiner Scheune. Womöglich hatten die Schweine noch nicht einmal alle Reste von dem Jungen vertilgt. Verdammte Sauerei! Das hatte ihm die Alte sicher absichtlich angetan.

Doch der Gemeindearzt stellte Tod durch Herzversagen fest.

»Ihre Mutter war schon seit Jahren wegen ihres schwachen Herzens bei mir in Behandlung. Hat sie Ihnen nichts davon erzählt?«

Kurz darauf kam der Leichenwagen, und das war's dann auch schon. Aber ihm war die Lust auf die kleine Prostituierte vergangen. Sie hatte nicht einmal einen schönen Kopf.

In der folgenden Nacht hängte er sie an einen Haken, wo er sonst die Schweine tranchierte. Schnitt sie auf, ließ sie ausbluten, zerlegte sie und packte die Stücke samt Kopf in eine Tonne. Die wuchtete er in den Wagen, fuhr in den Langebichler Wald, hob eine Grube aus und warf die Reste der armen Sau hinein. Die Tonne nahm er wieder mit nach Hause, reinigte sie penibel und führte sie wieder ihrem ursprünglichen Zweck zu. In ihr fing er beim Schlachten das Schweineblut auf, das er nachher zu Blunzen verarbeitete.

28

Mit Gretels Hilfe versuchte Dorli, die letzten Stunden im Leben des Hias zu rekonstruieren.

»Grete, wo war der Hias, als dich der Toni zu deiner Reha gefahren hat?«

»In der Woche davor hat er für den Toni die neuen Boxen für die Pferde gebaut. Am Sonntag war der Hiasi kurz daheim und hat sich von mir verabschiedet. Am Montag in der Früh ist der Toni gekommen und hat mi nach Prein gefahren.«

»Und ich hab den Hias am Samstag drauf im Wald gefunden. Da war er aber schon eine Zeit lang tot.«

»Weißt, Dorli, i kann mir immer noch nicht vorstellen, wer gegen den Hiasi was g'habt haben könnt. Er war doch so ein seelensguter Mensch.«

»Wenn sich hier wirklich ein Serienmörder herumtreiben sollt, dann braucht der wahrscheinlich gar keinen Grund. Dem wird auch wurscht sein, ob sein Opfer ein Gauner oder ein leiwander Kerl ist. Und wenn alle unsere verschollenen Seelen von ihm umgebracht worden sein sollten, dann macht der nicht einmal vor unschuldigen Kindern halt.«

»I mag gar net dran denken, dass es bei uns so ein Monster geben könnt.«

»Das mag niemand. Schau, wir beide sind in Buchau geboren, in Berndorf zur Schule gegangen, hier aufgewachsen, wenn auch mit einer größeren zeitlichen Differenz. Wir glauben, dass wir alle im Ort genau kennen. Doch du kannst in die Leut net reinschauen.«

»Hast ja recht. Aber es ist einfach so unvorstellbar.«

Dorli nickte zerstreut. Ihr war gerade eine Idee durch den Kopf geschossen. Was, wenn der Hias im Wald etwas entdeckt hatte und deswegen sterben musste? Sie sollte sich die Gegend wirklich noch einmal ansehen. Und mit dem Kinaski Karl würde sie auch reden. Es war ja kaum anzunehmen, dass der

Kopf in seinem Geschäft ins Fass gekommen war. Wo war das passiert? Konnte es da einen Zusammenhang mit dem Hias geben? Und wenn die Frau Dürauer Zeugin des Mordes am Hias geworden wäre, wo waren dann all die anderen Businsassen? Eine gehbehinderte alte Dame konnte doch nicht so weit weg von allen anderen gewesen sein! Irgendwie waren das alles zu viele Zufälle. Und Dorli glaubte dezidiert nicht an Zufälle.

Sie verabschiedete sich und schwang sich auf ihre Kawasaki. Beim Fahren kamen ihr immer die besten Ideen. Sie raste Richtung Gutenstein, glühte dann über die kurvenreiche Strecke nach Pottenstein. Fast ganz oben, am Hals, lag plötzlich ein Motorrad auf der Fahrbahn und daneben, schon fast im Straßengraben, eine Gestalt in Ledermontur. Dorli hielt mit rauchenden Reifen an.

Das war ja Bär, der Kopf der Devils! Ein Klub, ähnlich den Hells Angels, nur ohne die dort übliche Gewalt. Rau, aber herzlich. Zu den Aufnahmebedingungen gehörte vermutlich nicht nur, dass man männlich war, Frauen wurden nicht aufgenommen, sondern auch, dass die Mitglieder nur auf der Brückenwaage gewogen werden konnten. Denn von den Kerlen von den Devils, die Dorli kannte, wog kaum einer unter hundertdreißig Kilo, die meisten wohl mehr.

Dorli kniete sich neben Bär an den Straßenrand, öffnete sein Helmvisier und sah, dass er eben die Augen aufschlug.

»Was is'n los?«, nuschelte er und versuchte sich aufzurichten.

»Du musst einen kapitalen Stern g'rissen haben, Bär. Dein Moped liegt mitten auf der Straße. Wenn's dir so halbwegs geht, sollt ich die Maschine wegschieben, bevor sie dir einer schrottet.«

Bär, der aus Berndorf stammte, eigentlich Thaddäus hieß, als Kind Teddy gerufen wurde und sich als Erwachsener mit einer Größe von knapp unter zwei Metern und der Statur eines Großraumcontainers nicht mehr so rufen lassen wollte, rappelte sich mühsam in Sitzposition.

»Du kannst doch nicht …«

Doch Dorli hatte sein schweres Motorrad schon auf die

Räder gewuchtet und zur Seite geschoben. Sie hatte mit ihrem eigenen Bike wochenlang geübt, bis sie die richtige Technik beherrschte und ihre Kawa allein wieder aufstellen konnte. Denn was wäre, wenn sie in einer einsamen Gegend stürzte und niemand vorbeikam, der ihr helfen konnte? Keinen Moment zu früh erreichte sie den Randstreifen und stellte die Maschine auf den Seitenständer. Denn genau in dem Moment schoss ein Audi mit quietschenden Pneus um die Kurve und hätte bei seinem Powerslide Dorli fast von der Straße gefegt.

»Diese Oaschlöcher! Mi hat's hing'haut, weil mi ana so deppert g'schnitten hat.«

Wenn er von Arschlöchern sprach, dann meinte Bär vermutlich die Autofahrer.

»Und du warst zu schnell, um auszuweichen, stimmt's?«

Bär versuchte zu nicken, hörte ganz schnell damit auf und hielt sich den Kopf. »Wenn'st so drinliegst, in der Kurven, dann kannst nimmer ... Aua, mei Kopf.«

»Mir brauchst das nicht zu erklären, ich weiß, dass man dann in der Schräglage von der Linie nimmer wegkommt. Ich fahr gelegentlich auch ein bisserl mehr als erlaubt.« Dorli grinste ihn an. »Aber zum Glück ist ja nicht wirklich viel passiert.«

»Dorli, du hast bei mir was gut!«, grummelte Bär. »Wie schaut denn die Reiben aus? Werd i noch fahren können?«

»Glaub schon. Ist ein bissel abg'schunden auf der Seite, der Blinker ist weg. Aber sonst sieht's ganz gut aus. Wie geht's denn dir? Soll ich dich heimbringen und du holst die Maschin später?«

Bär taumelte auf die Beine. »Herr im Himmel, hab i einen Brummschädel.«

»Hast dir vielleicht eine Gehirnerschütterung zuzogen. Bist auf den Didi g'fallen?«

»Keinen Tau. Is alles so schnell gegangen. Eben war i no im Sattel, gleich drauf lieg i am Boden und du fragst mi, was los ist.«

»Na dann schwing deinen Hintern auf meinen Sozius. Mit Brummschädel solltest eher nicht selber fahren. Ich bring dich heim.«

Als Dorli Bär vor dem schmalbrüstigen alten Häuschen in der ehemaligen Arbeitersiedlung des alten Krupp in Berndorf absetzte, bedankte Bär sich überschwänglich.

»Geh hör doch auf, Bär, das ist ja peinlich! Ist doch klar, dass wir Biker zusammenhalten.«

Bär tätschelte ihren Arm. »Du bist schon richtig, Mädel.«

Dorli grinste. »Du musst wirklich auf den Kopf gefallen sein. Seit wann machst du Komplimente?«

Bär lachte verlegen. Im Umgang mit Frauen war er ziemlich gehemmt. Das war Dorli schon früher aufgefallen.

»Aber eins würd ich gern wissen. Wie viel wiegst du eigentlich, Bär?«

»Kann ich dir net sagen. Die alte Waag ist hin, und des blöde neumodische Klump zeigt ja nur bis hundertdreißig Kilo an.«

Dorli grinste in sich hinein. Dabei war Bär von der ganzen Clique der Devils sicher einer der kleineren Kerle. Besser, die gewichtige Bande zu seinen Freunden zu zählen, als zu ihren Feinden zu gehören.

29

Als Dorli später Lupo anrief, um mit ihm über ihre Überlegungen bezüglich Leni Dürauer zu sprechen, erlebte sie eine Überraschung.

»Zu dem Schluss bin ich auch schon gekommen und hab mich daher ein bisserl umgehört. Die Namen der Passagiere wollte das Busunternehmen zwar nicht rausrücken, aber ich hab mir den Reisebegleiter zur Brust genommen. Und mit ein bisserl Nachdruck, ein paar Drinks und leisen Drohungen war er sehr hilfsbereit und hat mir einige Namen genannt.«

Lupo und Eigeninitiative! Wie passte denn das zusammen? So wie Bär und Kompliment. Eigenartiger Tag heute!

»Und, ist was dabei rausgekommen?«

»Wie man's nimmt. Wann und wie das mit der Frau Dürauer passiert ist, hat keiner mitgekriegt. Es dürfte niemand in unmittelbarer Nähe gewesen sein. Die anderen waren alle irgendwo auf dem Pecherlehrpfad unterwegs, vermutlich schon wesentlich weiter als die Frau Dürauer. Aber mehrere Leute haben ein Auto in der Nähe im Wald parken gesehen. Und zwar einen großen Geländewagen. Bei der Farbe waren sie sich nicht sicher. Helles Braun oder goldfarbig. Mit Badener Kennzeichen. Also aus der Umgebung.«

»Das Kennzeichen hat sich niemand gemerkt?«

»Nein. Aber dazu gab es zu der Zeit ja auch keinerlei Veranlassung.«

»Das ist wahr. Die Marke des Wagens hat auch keiner erkannt?«

»Leider nein. Dürfte kein gängiges Modell sein, weil alle meinten, so ein Auto hätten sie noch nie gesehen. Einig waren sie sich nur darin, dass es kein Hummer war. Seit Arnold Schwarzenegger einen fährt, wissen die Menschen bei uns, wie der ausschaut. Vielleicht ein anderer Importwagen aus den USA?«

»Das werde ich rauskriegen. So was hat bei uns sicher nicht jeder Zweite. Ich werde mich einmal umhören, wer bei uns so auffällige Machoschlitten fährt.«

»Gut. Was kann ich tun?«

»Im Moment nichts. Ich melde mich. Haben Sie schon was aus der Antarktis gehört?«

»Nein. Sobald ich eine Nachricht bekomme, ruf ich Sie an.«

30

»Hallo, Dorli! Was führt dich denn zu mir?«

»Hi, Karl. Ich möchte dir noch ein paar Fragen zum Hias stellen. Hast ein bisserl Zeit?«

»Für dich doch immer! Komm rein in die gute Stube.«

Karl Kinaski hatte im Blaumann Fässer über den Hof gerollt, als Dorli mit Idefix angefahren kam.

»Was willst denn wissen?« Karl wies mit einer Hand auf die gemütliche Sitzgruppe in seinem Verkaufsraum. In der Glasvitrine daneben lagen seine Kosmetikprodukte, Heilsalben und ätherischen Öle. Dazwischen Fotos vom Wald und dem Pechen in den verschiedenen Stadien im Laufe des Jahres. Und darüber, darunter und daneben die Werkzeuge, die sich seit Jahrhunderten kaum verändert hatten.

»Damit machst schön langsam dem Pechermuseum Konkurrenz.« Dorli wies auf die Fotos und Texte an der Wand.

»Man tut, was man kann. Mit dem Museum is es ziemlich schwierig. Es gibt kaum fixe Öffnungszeiten. Und wenn i an Bus hab, und die Leut was sehen wollen, und dort is zu, was soll i dann machen? Drum hab i da halt a bisserl was ausg'stellt.«

Dorli ließ sich in einen der Polstersessel fallen, und Idefix legte sich unaufgefordert zu ihren Füßen auf den Boden.

»Die Grete und ich haben angefangen, die letzten Stunden des Hias zu rekonstruieren. Beim Toni Meixner hat er neue Boxen für die Pferde gebaut. Damit dürfte er am Montagabend fertig geworden sein. Das war der Tag, an dem die Gretel in der Früh zur Kur abgereist ist. Wann hat der Hias denn für dich mit der Waldarbeit angefangen?«

»Am nächsten Tag. Ab Dienstag war er im Wald. Da hat er sicher noch gelebt, denn er hat sich ein Auto geholt und mir am Mittwochmorgen ein paar Fässer gebracht, die der Meixner noch vom Vorjahr bei sich rumstehen hatte. Und einige von anderen Bauern, bei denen auch noch welche lagerten. Da hab ich den Hias zum letzten Mal gesehen.«

Und Leni Dürauer war am Mittwoch irgendwann zwischen Mittag und Nachmittag verschwunden. Das würde zeitlich gut passen.

»Der Toni ist ein Kunde von dir? Was kauft er denn so?«

»Ach, a ganze Menge. Hauptsächlich den Firnis, mit dem er seine Holzschuppen und Zäune streicht, damit sie nicht verwittern. Davon kriegt er jedes Jahr ein paar Fässer. Dann Saupech, aber auch die ganze Palette meiner Produkte. Neben seiner Reitschule hat er ja auch einen kleinen Shop. Da kannst Kaffee oder andere Getränke, aber auch kleine Speisen wie Toast oder Eierspeis konsumieren. Und dort verkauft er auch die typischen Produkte aus der Gegend. Seine eigenen, aber auch alles Mögliche andere. Den Honig vom Huber in Langebichl, die Schafwollsocken, die die Meinhard Ulli bei euch in Buchau strickt, frische Eier von glücklichen Hühnern von der Rosi in Edelbachklamm, und auch meine Erzeugnisse.«

»Ich hab gar nicht gewusst, dass der Toni ein Geschäft hat. Ich find es überhaupt toll, was der in den letzten zehn Jahren aus dem Boden gestampft hat.«

»Dann solltest dort einmal reinschauen. Die Susi Pechhacker schmeißt ihm den Laden. Die ist so ein sonniges Gemüt, da kaufen die Leut schon was, nur damit sie ihr einen Gefallen tun.«

»Die Susi! Super, dass die einen Job gefunden hat. Nach der Babypause war sie ja jahrelang arbeitslos.«

»Schau vorbei. Sie freut sich sicher.«

»Mach ich. Aber zurück zum Hias. Die Fässer, die er dir gebracht hat, waren die leer oder voll?«

»Leer natürlich.«

»Könnte da in einem der Kopf drinnen gewesen sein?«

»Dorli, der könnt überall drin gewesen sein. Aber i glaub's net, denn das wär dem Hias aufg'fallen, und dann hätte er do einig'schaut.«

Möglich. Aber vielleicht auch nicht. Er war doch fast taub. Dorli lehnte sich zurück und fragte weiter. »Und wie geht das sonst vor sich, mit den Fässern?«

»Die meisten Bauern, die von mir was in Fasseln kriegen, bringen sie irgendwann selber wieder zurück und stellen sie einfach in den Schuppen. Erst kurz bevor der Spediteur sie holt, roll ich sie in den Hof. Und dann kommen natürlich die vollen Fässer aus dem Wald, in denen das frische Pech drin ist. Die stapeln wir auf der anderen Seite vom Hof. Dort unter dem Flugdachl.«

»Meinst, der Schädel kam in einem vollen Fass?«

»Nicht wirklich. Die vollen Fässer gehen ja weiter zur Harzraffinerie. Dort werden sie geleert. Allerdings kommen die dann leer wieder zurück. Also rein theoretisch könnte er auch in der Raffinerie in das Fass gekommen sein. Aber wahrscheinlich ist das net.«

»Hm. Da kann uns vielleicht der Bertl helfen. Denn wer immer das Fass geöffnet hat, um den Schädel reinzustecken, hat Fingerabdrücke darauf hinterlassen.«

»Außer es war der Mörder selber, dann hat der sicher Handschuhe getragen.«

»Das ist wahr, Karl. Jetzt hab ich noch eine ganz andere Frage. Mehreren Zeugen, die mit Frau Dürauer im Bus waren, ist im Wald ein überdimensionierter Geländewagen aufgefallen, Farbe Gold oder Braun, Marke unbekannt. Die Leute meinten, so einen hätten sie in Österreich noch nie gesehen. Weißt du, wer bei uns so was fährt? Ich mein, außer dem Gemeindearzt.«

»Genau, der Doktor fährt einen goldenen Chevrolet Blazer. Der ist zwar auch groß, aber net so wahnsinnig selten. Der Apotheker hat einen Cadillac Escalade in Gagerlgelb. Das ist ein Riesenapparat mit mehr als fünfeinhalb Metern Länge, über vierhundert PS und einem Verbrauch wie a Panzer. Wenn du den einmal volltankst, legst zweihundert Euronen auf die Budel von der Tankstelle und kommst damit vielleicht fünfhundert Kilometer, wenn'st a Glück hast. Der Wirt in Langebichl hat einen Lexus LX 570. Der ist hellbraun. A so a Schlachtschiff, das man bei uns net wirklich oft auf den Straßen sieht. Und der Toni Meixner hat an GMC Yukon. A so a Riesending. Und der ist, glaube ich, sogar goldfarben. Der hat aber jede Menge fahrbarer Untersätze. Und im Wald würde der wohl kaum mit dem schönen, teuren Auto rumkutschieren. Da nimmt er sicher den Pritschenwagen oder einen von seinen Lastwagen.«

»Danke, Karl. Ich hätt nie gedacht, dass bei uns in der Gegend so viele von diesen großen Kübeln herumgondeln.«

»Dabei sind das nur die, die i kenn. Da können noch doppelt so viele herumkrebsen, die i nie g'sehen hab.«

»Das ist mir klar. Aber irgendwo musste ich mit der Fragerei ja einmal anfangen. Ich wünsch dir noch einen schönen Tag, Karl.«

31

Das war doch wirklich zu blöd!

Lupo hatte von einer total glücklichen Agnes Schneider überschwänglichen Dank und Gratulationen eingeheimst, die eigentlich gar nicht ihm gebührten, sondern Dorli, die ihn auf die Idee mit dem Suchdienst vor Ort gebracht hatte.

Der Suchtrupp hatte Agnes' Bruder Anselm und die vermisste Wissenschaftlerin in einer Schneehöhle gefunden, die Anselm gebaut hatte, als klar war, dass sie es nicht zurück zur Station schaffen würden. Die Frau war in eine Eisspalte gefallen und hatte sich eine Wirbelsäulenverletzung zugezogen. Beim Versuch, sie zu bergen, war Anselm ebenfalls abgestürzt und hatte sich einen Arm gebrochen. Trotzdem war es ihm gelungen, eine Art Iglu für sie beide zu errichten, in dem sie den Sturm recht gut abgewettert hatten. Als sie gefunden wurden, waren sie trotz ihrer Verletzungen und drei Tage Hungern nur leicht unterkühlt und in relativ guter Verfassung. Jedenfalls würden sie beide überleben. Das alles verdankten sie einzig und allein Lupo, meinte Agnes Schneider. Und als dieser jetzt mit Blumen und einer Flasche Sekt an Dorlis Tür klingelte, war niemand zu Hause.

Während er dastand und sich ärgerte, dass er nicht vorher angerufen hatte, rannte Idefix herbei und sprang an ihm hoch.

»Na, wenn du da bist, kann dein Frauchen nicht weit sein.«

Lupo kraulte den Hund zwischen den Ohren. Doch Idefix war zappelig und hüpfte an ihm hoch, rannte weg, kam wieder zurück. Um danach mit dem Tanz von vorne zu beginnen.

Zehn Minuten später wurde Lupo auch unruhig. Wieso war der Hund außerhalb des Zauns, wenn Dorli nicht bei ihm war? Und wieso benahm er sich so seltsam? Da stimmte doch etwas nicht!

Lupo deponierte Flasche und Blumen hinter dem Zaun auf dem Boden.

»Idefix, bring mich zu deinem Frauchen.«
Idefix legte den Kopf schief und hechelte.
»Na komm. Du bist doch so ein kluger Hund. Wo ist dein Frauli?«
Jetzt schien der Hund zu verstehen. Zumindest hatte es den Anschein. Denn er lief ein paar Schritte voraus, wartete, bis Lupo nachkam, und rannte dann weiter. Obwohl Lupo seit drei Monaten wieder regelmäßig sein Lauftraining absolvierte, keuchte er nach kürzester Zeit wie eine alte Dampflok, während Idefix munter vor ihm dahintänzelte. Lupo musste beim Training wohl einen Zahn zulegen. Von Kondition konnte noch lange keine Rede sein.

Nach zwanzig Minuten Dauerlauf kam ihm die Umgebung vage bekannt vor. Hier in der Gegend war er mit Dorli gewesen, als sie die Orte aufsuchten, wo Leni Dürauer und der Waldarbeiter getötet worden waren. Doch Idefix rannte immer noch weiter. Als Lupo stehen blieb und sich die Seele aus dem Leib keuchte, kam Idefix zurück, nahm seinen Ärmel zwischen die Zähne und zog ihn weiter.

»Schätze, du musst einen Moment warten. Ich brauch Sauerstoff«, keuchte Lupo. Doch der Hund zerrte und zog an ihm. Lupo wankte weiter. Nach endlosen Minuten voll Gekeuche mit Seitenstechen und Wadenkrämpfen gelangten sie zu einer Lichtung. Auf einer Seite war ein Hügel, auf der anderen waren Fässer aufgestapelt. Idefix blieb vor dem Hügel stehen und bellte.

»Da drin?«, fragte Lupo ratlos. Er lief um den Erdhügel herum, aber er fand keinen Eingang. *Vielleicht ist der Hund doch nicht so gescheit, wie ich dachte. Und das ist nur ein Fuchsbau.*

Doch Idefix bellte immer noch. Wenn Dorli wirklich da drinnen sein sollte, dann musste es irgendwo einen Zugang geben. Lupo erklomm den Hügel auf allen vieren. Da gab es eine Stelle, wo der Boden anders aussah als in der Umgebung. Als Lupo versuchte, die Erde mit den Schuhen beiseitezuschieben, grub Idefix mit beiden Pfoten mit. Kurz darauf stießen sie auf Holzbohlen. War das eine Falltür?

»Dorli? Sind Sie da drin?«

Keine Antwort. Aber gemeinsam mit Idefix hatte er die Tür nun fast gänzlich freigelegt. Zuletzt grub der Hund noch einen eisernen Ring aus. Lupo zerrte daran die schwere Holztür in die Höhe. Darunter lag ein finsteres Loch. Idefix sprang in die Grube und winselte. Er musste Dorli gefunden haben. Hoffentlich lebte sie noch!

Lupo sprang dem Hund nach und landete hart auf glattem Beton. Was war das? Ein Bunker aus dem letzten Krieg? Sobald sich seine Augen an die Dunkelheit gewöhnt hatten, sah er Idefix. Er lag auf dem Boden, neben einem Bündel, das verdächtig nach Dorli aussah. Einer Dorli, die bewusstlos zu sein schien. Der Hund leckte ihr immer wieder über das Gesicht. Plötzlich hob sie ihre Hand.

»Hör auf, ich will kein Bussi«, knurrte sie. Das hörte sich ganz nach Dorli an.

»Hallo, Dorli, wie sind denn Sie hier hereingekommen?«

Dorli versuchte sich aufzurichten. »Auweia, mein Kopf!« Sie sank wieder hintenüber. »Wie kommen Sie hierher?«

»Idefix hat mich hergebracht.«

»Guter Hund.«

Sie versuchte erneut, ihren Oberkörper zu heben, und diesmal schaffte sie es, sich hinzusetzen.

»Was ist passiert, Dorli?«

»Wenn ich das wüsste! Ich wollte mir ansehen, an welchen Stellen im Wald die Fässer stehen, in die die Pecher ihre Pittel ausleeren. Hier auf dem Hügel war eine offene Falltür. Bisher habe ich das immer für einen natürlichen Hügel gehalten. Daher war ich neugierig, was da ist. Ich kletterte rauf und guckte rein, wobei ich eh nichts sah, weil es drinnen finster war. Dann bekam ich von hinten eins übergebraten. Mehr weiß ich nicht.«

»Nur gut, dass Ihr Hund so gescheit ist.«

»Wieso sind Sie überhaupt hier? Idefix kann ja kaum nach Wien gelaufen sein.«

»Er saß vor Ihrem Haus, als ich ankam, und hat mich buchstäblich hierhergezerrt.«

»Und wieso waren Sie bei meinem Haus?«

»Das ist eine andere Geschichte. Jetzt wollen wir Sie mal da rausholen, bevor jemand auf die Idee kommt, uns alle hier einzusperren.«

Idefix kletterte die steilen Wände wieselflink nach oben. Lupos Augen hatten sich mittlerweile an das Halbdunkel in der Höhle gewöhnt, und er sah, dass eine eiserne Leiter senkrecht hinaufführte. Die war ihm vorhin nicht aufgefallen. Die Höhle war ziemlich groß, nahezu rund, und es hatte den Anschein, dass es Nebenhöhlen oder abzweigende Gänge gab. Gerne hätte Lupo das Höhlensystem erforscht. Da war er noch der kleine Junge mit dem Forschergeist. Doch dazu war jetzt weder Zeit noch die richtige Gelegenheit. Er musste Dorli in Sicherheit bringen.

Als Lupo sich eben den Kopf zerbrach, wie er die taumelige Dorli eine halbe Stunde zu ihrem Haus schleppen könnte, warf sie ihm einen Schlüssel zu.

»Mein Auto steht da drüben.«

Sie deutete in Richtung einer Reihe von Büschen. Lupo setzte sich in Bewegung. Hinter den Stauden verlief ein Karrenweg. Und ein Stück weiter, halb verborgen hinter einer Brombeerhecke, parkte Dorlis dunkelgrauer Octavia Kombi. Lupo zwängte sich hinein, verstellte den Sitz so weit, dass sich seine Knie beim Fahren möglichst nicht ins Brustbein bohrten, dann lief er Dorli und Idefix entgegen, der seinem Frauchen nicht von der Seite gewichen war.

»Was ich nicht verstehe: Wieso hat Ihr Hund nicht schon angeschlagen, bevor man Sie in den Untergrund befördert hat?«

Lupo half Dorli auf der Beifahrerseite ins Auto.

»Er hatte ein Stück weiter eine Fährte aufgenommen. Aber normalerweise hätte er sich schon gemeldet. Wenn es jemand gewesen wär, den er kennt, hätte er ihn begrüßt. Und bei einem Fremden hätte er normalerweise Laut gegeben.«

»Sieht so aus, als würde es jemandem ganz und gar nicht gefallen, dass Sie sich im Wald auf Spurensuche begeben haben.«

»Hm. Irgendwie komisch. Es gibt nur eine Person, die für

Idefix Luft ist. Barbara Schöne, meine liebe Kollegin. Aber die im Wald? Auf ihren zehn Zentimeter hohen Tottretern? Schwer vorstellbar. Dass sie mir eins überbrät, allerdings schon.«

Während Dorli laut über den eigenartigen Anschlag nachdachte, versuchte Lupo, den Wagen zu starten. Er scheiterte kläglich.

Dorli lehnte ihren Kopf vorsichtig gegen die Kopfstütze. »Links unten gibt es einen Startknopf, neben der Lenksäule. Drei Sekunden drücken.«

»Na, den Wagen klaut so leicht keiner. Auf die Idee muss man mal kommen!«

»Heute stiehlt die Rostschüssel sowieso niemand mehr. Aber ich habe den Knopf einbauen lassen, als der Wagen neu war.«

»Von wegen Rostschüssel«, meinte Lupo. »Ich wollte, mein Auto wäre nur doppelt so alt wie Ihres. Meines geht wahrscheinlich schon als Oldtimer durch.«

Sie fuhren den Waldweg entlang, bis sie auf eine geschlossene Schranke stießen. »Und was jetzt? Haben Sie einen Schlüssel?«

»Mein Gott, davon lässt sich doch bei uns keiner beeindrucken. Da fährt man halt außen herum.«

Wozu gab es dann eine Absperrung? Um blöde Städter fernzuhalten? Seltsame Sitten hatten die am Land. Jeder machte sich sein eigenes Gesetz. Und wenn jemand störte, räumte man ihn aus dem Weg.

Lupo hatte eine Zeit lang davon geträumt, von Wien weg aufs Land zu ziehen, wenn er mal genug Geld verdient hätte. Wegen der Ruhe, der guten Luft und weil es da noch so beschaulich zuging. Mittlerweile kam ihm diese Sehnsucht kindisch vor.

Abgesehen davon, dass Geld ohnehin einen großen Bogen um ihn zu machen schien, sah die Realität hier erheblich anders aus als seine Träume. Es roch nach Mist, den die Bauern tonnenweise auf die Felder schmissen. Auf der Hauptstraße im Dorf fuhren die Leute Rennen. Zumindest hielt sich kein Mensch an die Geschwindigkeitsbegrenzung von fünfzig Stundenkilometern im Ortsgebiet. Nebenbei bewegten sich vermutlich mehr als die Hälfte der Lenker dabei noch jenseits aller vernünftigen Promillegrenzen, da sie dauernd aus dem Wirtshaus, von irgendwelchen Festen oder von sonstigen Veranstaltungen kamen, wo ordentlich gebechert wurde. Der öffentliche Verkehr war ein schlechter Witz, Taxis gab's auch keine, und deshalb fuhr jeder mit dem Auto, dem Motorrad oder sogar dem Traktor, wenn es sein musste. Und unschuldige Menschen wurden beim Spaziergang im Wald niedergeschlagen, eingesperrt und umgebracht. Dagegen war die Stadt eine wahre Oase der Erholung!

32

Als seine Mutter beerdigt wurde, musste er sein heftiges Glücksgefühl tief in der Brust verbergen. Das Wetter war dem Ereignis angemessen. Es schüttete wie aus Schaffeln. Doch als der Sarg in die Grube gelassen wurde, lichteten sich die Wolken, und die Sonne lachte auf die tropfende Trauergemeinde nieder.

Er hatte gewusst, dass jetzt für ihn bessere Zeiten anbrechen würden. Dass er endlich einmal allein entscheiden konnte, was er tun wollte oder nicht. Dass niemand ihn nerven würde mit tu dies, tu das.

Doch als er vom Begräbnis nach Hause kam, parkte ein fremdes Auto vor der Tür. Und seine Schwester saß auf der Bank vor dem Haus. Woher, um alles in der Welt, hatte Hilda gewusst, dass die Mutter gestorben war? Hatte sie einen Informanten im Dorf?

»Warum hast mich nicht verständigt? Wolltest dir wohl alles allein unter den Nagel reißen?«

»Wie hätte i di denn verständigen sollen? I hab doch nicht gewusst, wo du bist! Du hast di ja nie gerührt und uns deine Adresse verraten.«

»Papperlapapp«, entgegnete seine Schwester. »Aber jetzt bin ich hier, und wir werden uns schon einig werden.«

In seinen Ohren klang das wie eine Drohung.

»Wie hast von Mutters Tod erfahren?«

»Na aus dem Bezirksblattel. War ja a Todesanzeige drin.«

Das war ja ganz was Neues. Seine Schwester las Zeitung! Früher hatte sie nicht einmal die Überschriften buchstabieren können. Der Ärger krampfte seinen Magen zusammen. Wenn Hilda sich nicht bald trollte, hieß das, dass ein Haufen neuer Probleme auf ihn zukam.

Und die Wochen danach zeigten, dass Hilda mindestens so schlimm war wie ein eitriger Fuß. Besonders biestig wurde sie, nachdem sich herausstellte, dass Mutter beim alten Komarek, dem Notar in Berndorf, ein Testament hinterlegt hatte. Hilda erbte nichts. Mutter hatte verfügt, dass Hilda nicht einmal den Pflichtteil bekam, weil sie sich länger als zwanzig Jahre nicht um ihre Mutter gekümmert hatte. Hilda drohte mit Klage. Der Notar hatte ihr geantwortet, dass sie das gerne tun könnte, doch die Aussichten seien minimal. Wer seinen Kindespflichten nicht nachkam, musste auch in der Erbschaft nicht bedacht werden, nicht einmal mit dem Pflichtteil.

Nach ein paar Wochen war ihm klar: Hilda musste wieder aus seinem Leben verschwinden. Aber wie sollte er das anstellen? Freiwillig schien sie jedenfalls nicht dorthin zurückkehren zu wollen, wo sie herkam. Gegen das intrigante Schwesterweib war die Mutter ja noch ein sanftes Schaf gewesen.

Eines Abends, nach einem langen Tag voller fruchtloser Diskussionen, reichte es ihm. Er mischte Hilda K.-o.-Tropfen in den abendlichen Kakao, und sobald sie eingeschlafen war, schleppte er sie in den Schlachtraum, zersägte sie auf handliche Brocken und warf diese in den Schweinekoben. Ihre persönlichen Habseligkeiten stopfte er in diverse Koffer, dazu ein paar Steine in jeden, fuhr mit ihrem Wagen nach Krems und versenkte das Zeug in der mondlosen Nacht in der Donau. Das Auto lenkte er nach Wien. Im 22. Bezirk, nahe einer Siedlung mit riesigen Hochhäusern, fand er eine ruhige Seitengasse. Dort parkte er und montierte die Nummerntafeln ab. Die warf er unterwegs in einen Tümpel. Wenn er Glück hatte, blieb das Auto hier monatelang stehen, ohne dass sich jemand viel dabei dachte. Vielleicht wurde es irgendwann von der MA 48 abgeschleppt und verschrottet. Und falls nicht und sie versuchen würden, den Halter des Fahrzeugs zu eruieren, wäre wohl jede Spur kalt. Möglicherweise wurde es sogar geklaut.

Bei der Heimfahrt im Zug steckte er seine Nase tief in die Presse, die Zeitung mit Seiten in Tischtuchgröße, und der tief in die Stirn gezogene Hut machte ihn zwischen den Pendlern nahezu unsichtbar. Beim Bahnhof hatte er vorsorglich sein Rennrad abgestellt, bevor er die ganze Aktion gestartet hatte. Er war sicher, keine Spur würde zu ihm führen. Die Papiere seiner Schwester verbrannte er mit dem Kopf in der Selch, ebenso andere persönliche Dinge Hildas, die noch irgendwo im Haus auftauchten. Die Asche und Knochenreste zerstieß er im Mörser und streute sie auf den Misthaufen.

Wenn jemand nach ihr fragte, gab er immer die gleiche Antwort. Hilda habe ihm nach dem Verlust der Mutter zur Seite stehen wollen.

Jetzt sei sie wieder nach Hause abgereist. Nein, sie habe ihm nicht verraten, wo sie wohnte. Es täte ihm leid, wenn sie sich von niemandem verabschiedet hätte. Aber was hätten sie erwartet? Das hatte sie ja auch nicht getan, als sie mit sechzehn ausriss. Das leuchtete allen ein. Vor dem Tod der Mutter war sie fünfundzwanzig Jahre nicht nach Hause gekommen. Ihr Lebensmittelpunkt lag eben eindeutig woanders.

Er fühlte sich, als habe er einen Mühlstein um den Hals getragen und den plötzlich abwerfen können. Nun würde SEIN Leben endlich wirklich beginnen.

33

»Weißt, was mir die Gretel neulich bei der Fußpflege erzählt hat?«

Dorli schenkte eben die Tassen mit Kaffee voll. Eigentlich war sie mit ihren Gedanken ganz woanders. Doch Lore, ihre Schwägerin, hatte mit dem Namen Gretel ihre geistige Absenz beendet.

»Nein, aber du wirst es mir sicher gleich sagen.«

»Der Toni hat sie eingeladen. Sie hat abgelehnt, weil sie jetzt in Trauer ist. Aber später wird sie die Einladung gern einmal annehmen. In ihrer Jugend waren die zwei mal ein Paar. Kannst dir das vorstellen?«

»Warum nicht? Die Grete muss etwa in seinem Alter sein oder sogar jünger. Der Hias war ja mindestens fünfzehn Jahr älter als sie. Und der Toni war einmal ein fescher Bursch. Sieht eigentlich heut noch gut aus. Und tüchtig muss er auch sein. Schau dir an, was der aus dem alten Hof gemacht hat. Aber er ist so ein Langweiler. Gibt immer nur einsilbige Antworten. Nach zwei Minuten gehen mir da die Gesprächsthemen aus.«

»Die Grete glaubt, dass er sie immer noch liebt und deswegen nie a andere geheiratet hat.«

»Wer's glaubt, wird selig. Aber wenn's der Gretel über ihren Kummer hinweghilft, dann soll sie ruhig dran glauben. Und falls es wirklich so sein sollte, ist er ein besonderes Exemplar der männlichen Art, und sie sollte ihn unter Naturschutz stellen lassen.«

»Dorli, du und die Männer – das ist ein eigenes Kapitel. Sag, weißt du eigentlich, dass dein Verehrer, der Kommissar vom LKA St. Pölten, wieder im Ort herumschnüffelt?«

»Nein, Lore, weiß ich nicht. Bei mir hat er sich nicht gemeldet. Außerdem ist er nicht mein Verehrer.«

»Na, ich weiß nicht. So wie der dich letztes Mal angeschaut hat ...«

Wann wollte denn Lore gesehen haben, dass Leo Bergler sie angeschaut hatte? Sie war ihm zuletzt begegnet, als ihr die blöde Babsi, die Schöne, den Kaffee über den Rock geschüttet hatte.

»Und wie geht's zu Haus? Alles roger?«

»Ach, Dorli, frag mich was Leichteres. Der Schurl ist manchmal so penetrant wehleidig, dass ich ihn am liebsten im nächsten Krankenhaus abgeben würd. Die Kinder machen sich schon lustig über ihn. Neulich hat mich Peter gefragt, ob ›der Papa schon wieder seine Tage‹ hat. Zum Glück sind sowohl Lilly als auch Peter recht robuste Kinder.«

»Mein Bruder hat euch gar net verdient. Lore, es tut mir leid, aber ich muss mich jetzt schön langsam auf die Socken machen. Ich muss ins Büro. Und am Abend treffe ich den Wiener Detektiv in Baden.«

»Den, der di gerettet hat?«

»Ja.«

»Der ist a in di verknallt.«

»Lore, du siehst überall nur Herzerln herumfliagen. Weder Lupo noch der Oberleutnant Bergler sind in mich verknallt, und ich schon gar net in einen von denen.«

Das würde ihr zu ihrem Glück gerade noch fehlen. Der eine trug seinen Kopf so hoch, dass er vor lauter Einbildung nicht durch die Tür passte. Der andere hatte ein Selbstbewusstsein wie ein Grottenolm um Mitternacht.

34

Dorli musste Überstunden machen. Am Nachmittag hatte sie der Bürgermeister angerufen. Die mit Spannung erwartete Gemeinderatssitzung, die schon drei Mal verschoben worden war, stand an. Dorli führte, wie immer, das Protokoll. Aus diesem Grund musste sie die Verabredung mit Lupo absagen. Sie würde ihn noch anrufen, wenn es nicht zu spät wurde.

Während die einzelnen Punkte langatmig und mit größter Fadesse abgehandelt wurden, wartete Dorli mit wachsender Spannung auf den Punkt »Umwidmung landwirtschaftlicher Flächen in Bauland«. Das könnte nämlich genau der Grund gewesen sein, warum Bürgermeister Willi Kofler und sein Busenfreund Vinzenz Kogelbauer der alten Kathi Ganglbauer billig ihr Land abluchsen wollten. Dorli hatte die Kathi seit ihrem Gespräch auf dem Friedhof nur einmal aus der Ferne gesehen. Da hatte ihr die Kathi zugewinkt und dann eine Faust mit Daumen nach oben gezeigt.

Endlich war es so weit. Kofler trug den Punkt vor und wollte ihn gleich vertagen.

Sebastian Schiff, genannt Schiffi, Briefträger und Nebenerwerbsbauer, fuhr ihn an: »Bürgermeister, jetzt löcherst uns seit Monaten wegen der Umwidmung. Warum sollt' ma die jetzt vertagen?«

»Das Projekt ist no net spruchreif«, wollte sich Kofler aus der Affäre ziehen. Doch er hatte die Rechnung ohne den Wirt gemacht. Alle redeten durcheinander. Kofler und Kogelbauer plädierten für eine Verschiebung des Projektes um fünf Jahre. Zuletzt ergriff noch einmal Schiffi das Wort.

»Seit einem Jahr liegen uns jetzt der Kofler Willi und der Kogelbauer Vinz mit der Umwidmung in die Ohrwascheln, damit wir ›Wohnraum für unsere Jugend‹ schaffen können. Und jetzt wollt's des um fünf Jahr verschieben? Ja seid's wo ang'rennt, oder was? Brauchen die Jungen jetzt plötzlich fünf Jahr ka Wohnung?«

Letztendlich, nach einstündigem Streit, wurde abgestimmt. Die Umwidmung wurde angenommen, mit zwei Gegenstimmen, von Willibald Kofler und Vinzenz Kogelbauer. Dorli vermerkte es mit Genugtuung im Protokoll.

Wie sie vermutet hatte, handelte es sich bei den zur Umwidmung vorgesehenen Grundstücken um Kathi Ganglbauers Wiesen.

Nach der Sitzung, als alle anderen schon gegangen waren, hörte Dorli, wie der Kogelbauer den Kofler beflegelte.

»Warum hast denn den Punkt net von der Tagesordnung g'nommen? Bist deppat? Weißt, was uns das jetzt kostet?«

»Die Tagesordnung steht doch schon seit der letzten Sitzung fest. Was kann denn i dafür, dass die blöde Funsen nur so einem komischen Vertrag zustimmen wollt?«

»Irgendwer muss der alten Vettel an Tipp geben haben. Meinst, dass ana von den Deppen aus dem Gemeinderat geplaudert hat?«

»Wie denn? Die haben ja net einmal gewusst, welche Gründe wir ins Aug gefasst haben.«

»Der gierige alte Krampen! Bringt uns um unser Geld.«

»Na ja, Kogelbauer, jetzt lass einmal die Kirchen im Dorf. Eigentlich wollten wir ja sie um ihr Geld bringen. Das hat halt net geklappt. Pech!«

»Wenn ich rauskrieg, wer der Sauhund gewesen ist, der ihr des g'steckt hat, den bring i um!«

»Vinz, pass auf, was du sagst. Grad jetzt, wo die Kieberei einen Serienmörder bei uns sucht, solltest mit solchen Sprüchen vorsichtig sein.«

»Die können mi a am Oarsch lecken!« Der Kogelbauer stürzte aus dem Raum und rannte an Dorli vorbei zum Ausgang. Dort schmetterte er die Tür hinter sich zu, dass der Verputz von der Wand rieselte.

»Ja was hat denn der Kogelbauer heute?«

Bei dieser scheinheiligen Frage musste sich Dorli fest in den Oberschenkel kneifen, um sich das Grinsen zu verbeißen. Den zwei Scheißkerlen hatte sie ordentlich die Suppe versalzen!

35

Er hörte, dass ein Auto vorfuhr, und verließ sein Schlafzimmer. Der Hias, mit einer Partie Fässer auf der Pritsche.
»Was willst denn?«
»Hast noch so an guten Selchspeck?«
»Ich hol dir einen.«
Er ging hinüber in den anderen Trakt. Dann läutete das Handy, und er wurde in ein längeres Telefonat verwickelt. Als er endlich mit dem Speck zurückkam, bemerkte er zu seinem Entsetzen, dass er die Tür zu seinem Kopfkino offen stehen hatte lassen. Und vermutlich war der Hias drinnen gewesen. Denn er war weg. Und – bei genauerem Hinsehen – war mit ihm einer der Köpfe verschwunden.
Panik überflutete ihn. Er musste den Hias finden. Ihm den Kopf abnehmen. Ihn überzeugen, dass ... Ja, wovon? Dass dies Puppenköpfe waren? Das würde der in hundert Jahren nicht glauben. Nein, er musste sterben. Bevor er plaudern konnte.
Doch heute war nicht sein Glückstag. Erst war der Hias nicht im Wald. Vielleicht hatte er die Fässer abgeliefert. Doch irgendwann würde er zu seinen Bäumen zurückkehren. Und als er Hias endlich fand, leugnete der, irgendwo drin gewesen zu sein. Und schon gar nicht würde er etwas nehmen, was nicht ihm gehörte. Auf die Frage, warum er dann ohne den Speck weggefahren sei, hatte er geantwortet, dass er nicht so lange warten konnte. Er wollte später noch mal vorbeikommen.
Er hatte ihm nicht geglaubt. Hias musste sterben. Er griff sich einen von den langen, blau angelaufenen Pechernägeln und stach ihm damit ins Auge. Als Hias aufschrie, hob er einen Stein auf und schlug so lange auf den Nagelkopf ein, bis der Stift tief in Hias' Gehirn eingedrungen und der tot umgefallen war. Nicht einmal gewehrt hatte er sich, der dumme Kerl.
Da hörte er hinter sich eine zittrige Stimme. »Was machen S' denn da?« Die Alte hielt ein Handy in der Hand und drückte gerade auf eine Taste. Warum musste sich die blöde Touristin in Angelegenheiten

einmischen, die sie überhaupt nichts angingen? Er hatte keine Wahl. Er musste die Frau auch erledigen, wollte er nicht auffliegen.

Und dann hieß es, die Beine in die Hand zu nehmen. Denn die Alte war mit einer Gruppe anderer Senioren unterwegs, die plötzlich lautstark über den Pecherlehrpfad herangetrampelt kamen. Er fasste sie unter den Armen und schleifte sie ein ganzes Stück tiefer in den Wald. Dort ließ er sie liegen und rannte, bis seine Lungen brannten.

Und die ganze Zeit überlegte er, ob es sein könnte, dass der Hias den Kopf wirklich nicht genommen hatte. Dann hätte er heute ohne Grund zwei Menschen umgebracht. Na ja, die Amis nannten so etwas Kollateralschäden. Und was die Affenbluzer konnten, das konnte er schon lang.

Aber wer sollte dann einen Kopf aus seiner Sammlung gestohlen haben? Hätte er nicht lieber den Hias befragen sollen, ob sonst wer da gewesen war, während er in der Selch stand und telefoniert hatte? Und welcher Kopf war das überhaupt gewesen? In seiner Hektik hatte er gar nicht darauf geachtet. Hoffentlich wenigstens keiner aus dem Dorf!

Scheiße, Scheiße, Scheiße! Was sollte er denn jetzt tun?

In der Nacht war er noch einmal zu dem Ort geschlichen, wo er die Alte erledigt hatte. Ihre Tasche und den Fotoapparat hatte er gefunden und mitgenommen, ebenso den Stein, mit dem er den Hias erledigt hatte. Das Handy der Alten war weg. War aber nicht so wichtig. Hier gab es ohnehin keinen Empfang. Man konnte es daher nicht orten.

36

»Hallo, Susi! Karl Kinaski hat mir erzählt, dass du hier arbeitest. Da wollt ich einmal vorbeischauen und Hallo sagen.«

»Dorli, wie schön, dich zu sehen!«

Susi sprang hinter dem Ladentisch hervor und schloss Dorli in die Arme. »Hast eine gute Zeit erwischt, im Moment ist net viel los im Laden. Sonst komm ich oft net einmal dazu, dass ich zwischendurch ein Glaserl Wasser trink. Willst einen Kaffee? Und frische Erdbeerschnitten hab ich auch.«

»Gern, beides. Setzt du dich dann kurz zu mir?«

Susi brachte Getränk und Kuchen und nahm Dorli gegenüber Platz.

»Ist schon ein Segen, dass der Meixner so einen tollen Reiterhof aufgebaut und dann noch den Shop aufg'macht hat. Sonst wär ich wahrscheinlich immer noch arbeitslos.«

»Wie lange machst denn das schon?«

»Jetzt werden es bald zwei Jahre. Schmeckt dir die Erdbeerschnitte?«

»Die ist hervorragend.«

»Hab i selber g'macht. Nur die Erdbeeren sind aus Italien, unsere sind noch nicht reif.«

Die Türglocke bimmelte und verkündete Kundschaft. Susi sprang auf und eilte zur Verkaufstheke. Doch es war Toni Meixner.

»Hallo, Dorli. Das ist aber eine Überraschung! Erst sehen wir uns eine Ewigkeit nicht, und jetzt laufst mir zum zweiten Mal innerhalb kürzester Zeit über den Weg.«

»Hallo, Toni. Ich wusste gar nicht, dass die Susi bei dir arbeitet. Ja nicht einmal, dass zu deinem Gestüt ein Shop gehört. Sonst hätte ich neulich wenigstens auf einen Sprung reing'schaut. Die Susi und ich sind seit einer Ewigkeit befreundet. Als mir Karl Kinaski erzählt hat, dass die Susi hier arbeitet, da musste ich sie gleich besuchen.«

»Lass gut sein. Bei uns muss sich die Kundschaft nicht dafür entschuldigen, dass sie was konsumiert.« Toni lächelte. Gleich darauf wurde seine Miene wieder ernst.

»Was sagt die Polizei, unser Freund und Helfer? Schon Spuren?«

»Keine Ahnung, Toni. Angeblich soll die Kripo wieder im Ort unterwegs sein. Bei mir war niemand, und gesehen hab ich auch keinen von denen.«

»Hauptsache, sie finden den Mörder vom Hias.«

»Das sehe ich auch so. Susi, ich muss wieder. Wenn du Zeit hast, ruf mich an. Dann setzen wir uns mal zusammen und quatschen über alte Zeiten. Was bin ich denn schuldig?«

»Nix, du bist eingeladen«, antwortete Toni, bevor Susi auch nur Luft holen konnte.

»Danke, sehr freundlich.«

Dorli nahm ihre Jacke vom Haken und verließ den Laden des Reiterhofs. Seltsam. Toni neigte normalerweise nicht dazu, jemanden einzuladen. Und bei ihr hatte er es schon zweimal getan. Wollte er etwas von ihr? Und wenn ja, was? Doch nicht etwa flirten?

37

»Schöne Babsi, kommen S' bitte zu mir rein?«

Ach, wie Dorli die zwei Turteltauben auf die Nerven gingen! Wenn sie sich außerhalb der Amtsstube vergnügt hätten, bitte sehr, das wäre ihre Sache. Doch so, wie sie hier ihr Verhältnis mehr oder minder öffentlich zur Schau trugen, das war eine Schande. Aber was zum Teufel konnte sie dagegen tun? Ertragen oder kündigen, so sah die Welt der Dorli Wiltzing aus.

Seufzend wandte sie sich dem neuen Hirtenbrief zu. Darin stand, dass es der Gemeinde nach langwierigen Verhandlungen gelungen sei, ein geeignetes Grundstück zur Errichtung von Wohnraum für die Jungfamilien im Ort zu finden. Dass dieses bereits von Grünland in Bauland umgewidmet sei und die Aufschließungsarbeiten im Gange seien. Wenigstens ein kleiner Lichtblick an diesem Tag! Wenn sie an den stinkwütenden Kogelbauer dachte, fühlte sich Dorli gleich viel besser.

»Griass di, Dorli!«

»Hallo, Frau Bürgermeister.« Die Gundl! Na das konnte lustig werden.

»Is mei Mann da?«

»Er ist in einer Besprechung und will nicht gestört werden«, versuchte Dorli diplomatisch das Schlimmste zu verhindern.

»Aber geh, das gilt doch net für mi!« Die Gundl lachte von einem Ohr zum anderen. »Für mi hat der Willi immer Zeit.«

Gundl schritt zur Tür des Bürgermeisterbüros und riss sie schwungvoll auf, ohne zu klopfen.

Heiliger Bimbam, der Trottel hatte nicht einmal abgesperrt!

Dorli konnte nur vermuten, was Gundl sah. Für einige Sekunden blieb sie wie ein Ölgötze in der Tür stehen. Doch dann schrie sie mit hochrotem Kopf.

»Bist deppat, du alter Trottel? Du Lustmolch! Was machst denn da? Und du Schlampen, schleich di. Du bist kündigt!«

Barbara Schöne humpelte auf einem hochhackigen Schuh,

den anderen Fuß schuhlos, und obenherum nackig aus dem Bürgermeisterbüro und versuchte, wenigstens den Rock über den Hintern zu bekommen. Dann kreuzte sie die Arme über der Brust.

»Du Trampel kannst mi gar net kündigen. Das kann nur der Willi!«, zischte sie Gundl im Vorbeigehen zu.

»Für di immer no der Herr Bürgermeister. Und du hast gar ka Ahnung, was i alles kann.« Sie wandte sich an den Willi. »Ist der Hatschen kündigt?«

»Ja«, hörte Dorli die leise Antwort. Sie konnte sich ein süffisantes Lächeln nicht verkneifen, als die Schöne an ihr vorbeirauschte, ihre Handtasche packte, die Jacke über ihre nackten Brüste zog und zur Tür stolzierte. Dort drehte sie sich noch einmal zu Dorli um.

»Wir zwa san a no lang net fertig. Warum bist eigentlich net verreckt in dem alten Bunker? Welcher Trottel hat di dort rausg'holt?«

Dann war das wirklich die Schöne gewesen, die sie dort niedergeschlagen hatte? Dorli konnte nicht glauben, was sie da hörte. Hatte die Wahnsinnige sie umbringen wollen?

»Aber warum? Hab ich Ihnen jemals was getan?«

»Jemals? Dauernd! Immer muasst du die Beste sein. Alles können, alles wissen. Mi behandeln alle außer dem Willi wie den letzten Dreck.«

»Das ist doch überhaupt nicht wahr!« Und selbst wenn, dann hätte sie sich das redlich verdient. Sie benahm sich ja auch reichlich seltsam.

»Wos haßt, des is net wahr? I hab Augen im Kopf, und hören tua i a recht guat. Und wia du dann in den Bunker g'nasert hast, da hob i net lang nachdenkt und hob da mit an Prügel ane überzogen.«

Welche Überraschung! Die Schöne hatte nicht lange nachgedacht. Na, womit denn auch?

»Und ich sollte dort sterben?«

»Blödsinn. I hab glaubt, du wirst da was brechen und a paar Wochen in Krankenstand sein.«

Immerhin wollte sie sie nicht umbringen. Wie tröstlich!
»Und wieso haben S' dann die Falltür zuag'macht und die Erde drüber g'schoben?«
»No, dass länger dauert, bis di ana findt!«
Bei Barbara Schönes geistigen Fähigkeiten fast überzeugend.
»Was macht denn jemand wie Sie überhaupt im Wald?«
»Giftpülz zertreten. Hob nur net glaubt, dass'd jemand abgeh'n kenntast.«
So eine falsche Schlange!
»Ich kann mich nicht erinnern, Ihnen das Du-Wort angeboten zu haben. Auf Nimmerwiedersehen.«
Die Schöne rauschte zur Tür hinaus. »Trottelhaufen!«, schrie sie und kleschte die Tür zu, sodass wieder mal der Verputz bröckelte.
Wenn das so weitergeht, müssen wir im Sommer noch neu ausmalen. Wozu hatten Türen eigentlich Schnallen, wenn sie keiner benutzte?
Dass die Schöne sie in den Bunker befördert hatte, war kaum zu glauben. So viel kreatives Potenzial hätte sie der Trutschen gar nicht zugetraut. Und es ärgerte Dorli maßlos, dass sie eigentlich gar nichts tun konnte. Wer würde ihr schon glauben, dass sie von der süßen, kleinen Babsi zur Strecke gebracht worden war? Das ganze Dorf würde über sie lachen, und so manch einer würde es ihr wahrscheinlich sogar von Herzen gönnen. Und der Rest der Leute würde sie dafür verachten, wenn sie wegen so einer »Kleinigkeit« die Polizei einschaltete. Himmelherrgottsakrament!
Inzwischen war die Bürotür des Bürgermeisters wieder geschlossen, aber Dorli konnte die Gundl keifen hören und den Bürgermeister mit reumütiger, leiser Stimme antworten. Eigentlich schade, dass die Schöne weg war. Jetzt hatte Dorli keine Chance, ihre Stellung aufzugeben. Andererseits wusste sie ohnehin nicht, wo sie sonst arbeiten sollte. Abwarten und Tee trinken. Wer wusste schon, was noch alles passierte.

38

Dorli war weder zu dem Treffen mit Lupo gekommen, noch hatte sie angerufen, weil es nach der Gemeinderatssitzung schon zu spät dafür war. So hatte er sich heute gemeldet. Er hatte in der Gegend zu tun und würde am Abend auf einen Sprung vorbeischauen.

Als er kam, holte Dorli die Hundeleine vom Haken im Vorzimmer, und zu dritt machten sie sich forschen Schrittes auf in den Wald.

Idefix hopste fröhlich vor ihnen her. Zwei ältere Frauen kamen ihnen entgegen. Jede trug zwei große Säcke mit Bockerln.

»Was machen denn die mit den Zapfen?« Lupo schaute den beiden Damen verblüfft hinterher.

»Welchen Zapfen?«

»Na, den Tannenzapfen, die die im Sackerl tragen.«

»Ah, Sie meinen die Bockerln von den Föhren!«

»Nennt man die so? Von mir aus. Aber warum tragen sie die aus dem Wald?«

»Die Föhrenbockerln sind die besten Unterzünder. Egal, ob zum Grillen oder für den Kamin im Haus. Bockerl mit dem Feuerzeug anzünden, drüber ein paar Weichholzspäne und dann gleich die Buchenscheiter. Das brennt besser als alles andere und kost nix. Gibt's umsonst im Wald.«

»Und warum kaufen die Leut dann alle die sauteuren Grillanzünder, die noch dazu bestialisch stinken?«

»Entweder weil sie zu faul zum Bockerlnsammeln sind oder weil sie keine Ahnung mehr von der Natur haben.«

Lupo schüttelte den Kopf. »Wenn ich mit Ihnen in den Wald geh, lern ich jedes Mal wieder was dazu. Wieso wissen Sie das alles?«

»Weil unsere Eltern nicht gerade reich waren und wir mit wenig auskommen mussten. Dazu sind sie noch früh gestorben, und mein Bruder hatte schon eine eigene Familie, sodass ich lernen musste, mich billig über die Runden zu bringen. Ich heiz heute noch das kleine Haus mit einem einzigen Kachelofen und einem Strahler im Bad. Im Vergleich dazu, was manche fürs Heizen ausgeben, kommt das sehr günstig.«

»Sie haben's wohl auch nicht leicht gehabt im Leben?«

»Ach was. Wer hat's denn heut schon leicht? Es hat nur jeder andere Sorgen. Und immerhin lebe ich noch, im Gegensatz zu etlichen anderen Mitbürgern.«

»Hört man eigentlich was von der Polizei? Kommen sie dem Serienmörder näher? Wissen Sie was, Dorli?«

»Keine Ahnung. Angeblich sind sie schon seit Tagen im Ort unterwegs. Ich hab keinen vom Landeskriminalamt gesehen, nicht einmal unsere Dorfpolizisten. Aber am Gemeindeamt war's die Woche ein bisserl hektisch. Vielleicht hab ich deswegen nicht so viel mitgekriegt. Stellen Sie sich vor, meine bildungsferne Kollegin wurde gekündigt.«

»Vom Bürgermeister? Aber der steht doch auf sie.«

»Nicht von ihm direkt. Von seiner Frau!«

»Wie das?«

»Sie hat die beiden in flagranti erwischt. Der Kofler war so blöd, dass er nicht einmal sein Büro abgesperrt hat, wenn er mit der Zenzi g'schnackelt hat.«

»So viel Dummheit gehört einfach bestraft. Mich wundert nur, dass ihm die komische Nudel gefallen hat.«

»Sie kennen eben die Frau Bürgermeister nicht.«

»Oha!« Lupo hob einen Ast auf und ließ sich mit Idefix auf eine Rangelei ein. Idefix knurrte und zog an dem Ast, dass er Lupo fast aus den Schuhen riss.

»Das macht Spaß, alter Junge, gell?«

»Solche Spiele liebt er. Aber mir ist das zu wild. Ich werfe ihm Bälle und Äste. Das muss reichen.«

»Und wo stehen wir jetzt mit unseren Vermutungen?« Lupo holte ein Taschentuch aus seiner Rocktasche und wischte sich die Hände ab.

»Die Autos bringen uns nicht wirklich weiter. Allein der Kinaski kennt vier Leute aus der Gegend, die so einen Riesenschlitten besitzen. Wer weiß, wer noch so was fährt. Aber ich hab mir was anderes überlegt.«

»Und was?«, fragte Lupo.

»Der Täter musste doch irgendwie die Leichen verschwinden lassen. Das ist gar nicht so einfach. Und über die Zeit waren das ja eine ganze Menge. Wenn er sie vergraben hätte, dann wäre sicher mal eine aufgetaucht. Oder ein Wildtier hätte etwas ausgegraben. Natürlich könnte er sie, wenn er ein Bauer ist, auch auf einem seiner Äcker oder im Wald verbuddeln. Doch da hätte ihn jemand beobachten können. Es gibt allerdings eine relativ einfachere Lösung – unter den richtigen Voraussetzungen. Nun, werter Herr Detektiv, eine Quizfrage. Was beseitigt organische Reste biologisch und rückstandsfrei?«

»Keine Ahnung. Damit musste ich mich bisher nicht beschäftigen. Was heißt da überhaupt biologisch?«

»Na das, was es aussagt. Ohne Chemie.«

»Dorli, ich begreif nicht, worauf Sie hinauswollen. Bisher dachte ich, Leichen werden in Salzsäure aufgelöst.«

»Das machen nur strohdumme Stadtneurotiker. Am Land funktioniert das viel einfacher. Welches Vieh frisst alles?«

»Ein Hund?«

»Blödsinn, Schweine! Und wer hat hier in der Gegend Schweine?«

»Ein Bauer?«

»Der Kandidat Wolfgang Schatz hat hundert Punkte. Aber nicht irgendein Bauer. Nur einer hat hier Schweine. Und den werden wir jetzt besuchen.«

Als Dorli in die Zufahrt zum Hof des Vinzenz Kogelbauer einbiegen wollte, bremste sie sich so scharf ein, dass Lupo auf der Beifahrerseite mit dem Gesicht zwei Zentimeter hinter der Windschutzscheibe klebte.

»Marandana! Was ist denn los?« Lupo klammerte sich an den Haltegriff über dem Seitenfenster.

»Der ganze Hof ist voller Polizei.«

»Jö ja. Die brauchen unsere Hilfe gar nicht mehr. Denken Sie, dass die hier fündig werden?«

»Weiß nicht. Der Kogelbauer ist ein echter Ungustel. Aber das heißt noch lang nicht, dass er Leute umbringt. Andererseits ist auch nicht gesagt, dass er's nicht war, wenn die nix finden. Jedenfalls können wir hier im Moment nichts tun.«

Dorli wendete und fuhr wieder zurück zu ihrem Haus.

»Wenn Sie jetzt noch Zeit haben, Dorli, dann sollten wir endlich ein Glaserl Sekt miteinander trinken. Auf die glorreiche Rettung des Anselm de Bontemps. Die nur dadurch zustande kam, dass Sie mir die Wadeln nach vorn g'richt' haben.«

»Tja, meiner Erfahrung nach brauchen das alle Männer von Zeit zu Zeit. Scheinbar fördert das enorm das Denkvermögen. Na dann, kommen S' mit rein.«

39

Bürgermeister Willibald Kofler schlich durch die Gegend wie ein geprügelter Hund. Wüsste Dorli nicht, was zu diesem Zustand geführt hatte, er hätte ihr glatt leidtun können. Sicher machte ihm die Gundi die Hölle heiß. Und vermutlich war die »schöne Babsi« auch nicht ohne Weiteres aus seinem Leben verschwunden. Aber das war sein Bier.

Sie klopfte die letzten Zeilen des Hirtenbriefes in den Computer, da klingelte das Telefon.

»Frau Wiltzing, können Sie mir die Unterlagen zum Projekt ›Erneuerung des Straßenbelags in Langebichl‹ zum Kirchenwirt rüberbringen? Der Chef der Firma Brandtner sitzt grad mit mir z'sammen.«

Aha. Wieder einmal ein Gemauschel. Diesmal mit dem Asphaltierer Brandtner. Was der wohl für den Bürgermeister tun musste, um unter der Hand den Auftrag zu bekommen?

Dorli ging ins Bürgermeisterbüro und durchsuchte die Aktenstapel auf dem Tisch. Was da wieder alles herumlag! Konnte der Mensch nicht wenigstens die erledigten Akten an sie weitergeben? Sie würde sie ablegen. Sie erwartete ja ohnehin nicht, dass er das selbst tat. Auf dem Tisch herrschte ein richtiger Saustall.

Endlich fischte sie die Akte aus einem Haufen alter Zeitungen. Nur gut, dass die Schöne nicht mehr da war. Die hätte den Zeitungsstoß unbesehen in den Mistkübel geschmissen.

Als Dorli zum Kirchenwirt kam, waren die üblichen Verdächtigen versammelt. Neben dem Bürgermeister und dem Brandtner saßen da noch der Kogelbauer, Haslinger, ein alter Saufkumpan von ihm, der schon die längste Zeit mehr im Delirium als sonst was war, durchbrochen von gelegentlichen lichten Momenten, die er für eine neue Bestellung nutzte, der Förster und etliche der Dippelbrüder, die immer schon die meiste Freizeit im Gasthaus verbracht hatten. Es ging hoch her.

Der Kogelbauer erzählte gerade einen Witz.

»Trifft ein Fleischhauer einen Kollegen: ›Heut hab ich achtzig Kilo Gammelfleisch an'bracht.‹ Der andere neidisch: ›Wie hast denn des gemacht?‹ – ›I hob mi scheiden lassen!‹«

Brüllendes Gelächter. Mein Gott, war das ein primitiver Haufen! Dorli schüttelte sich.

Sie wollte dem Bürgermeister nur so schnell wie möglich seinen Akt geben und wieder verschwinden. Doch dann hielt sie inne.

»Was hat denn die Kieberei von dir wollen, Vinz?«, hatte gerade einer der Dippelbrüder gefragt.

Jetzt könnte das Gespräch interessant werden.

»Die haben sich da irgendeinen Schwachsinn aus die Finger zuzelt, dass der Serienmörder ein Saubauer sein könnt. Und nur weil i Schweindeln hab, haben die Trotteln bei mir alles auseinanderg'nommen. I hab drei Tag braucht, bis wieder alles sei' Ordnung g'habt hat. Und die Oberschwuchtel von denen, der Bergler, hat großkotzig g'meint, sie würden wiederkommen. Wenn der si das wirklich traut, dann hat er a Beschwerde am Hals, die sich g'waschen hat. Und a Klag wegen Betriebsstörung und Verdienstentgang. Die glauben doch net, dass i mir das g'fallen lass? I kenn den Chef von dem Windbeutel, den Leiter vom Landeskriminalamt. Den hab i eh schon ang'rufen. Der wird den Deppen einmal richtig z'sammstauchen. Der wird schaun!«

Es änderte sich wohl nie etwas. Jeder kannte irgendwo jemanden, der für ihn intervenierte. Wie sollte da in Österreich jemals was weitergehen? Egal, ob bei polizeilichen Ermittlungen, in der Politik oder sonst wo. Dorli fand das einfach nur zum Kotzen. Sie knallte Willi Kofler den Akt vor die Nase und machte, dass sie rauskam. Bevor sie sich an Ort und Stelle übergeben musste. Wobei der Gedanke, dem Kofler über die Schulter in den Schoß zu speiben, durchaus ansprechend war.

40

Dorli hatte Lupo zwar versprochen, keine Aktionen allein und auf eigene Faust zu unternehmen. Aber die Gelegenheit war einfach zu günstig, sich in aller Ruhe auf Kogelbauers Hof umzusehen, solange der beim Kirchenwirt soff. Sie lief nach Hause, schnappte Idefix' Leine, und sie machten sich auf den Weg zu Kogelbauers Hof.

Die Frage war, was könnte die Polizei übersehen haben, als sie den Hof durchkämmte? Den Mist vom Schweinestall vielleicht. Wenn es irgendwo Knochenreste gab, dann dort. Aber wer weiß, wann das letzte Opfer des Mörders gestorben war, das er nicht im Wald liegen lassen hatte.

Dorli pirschte sich von der Rückseite an den großen Bauernhof an, der einige hundert Meter außerhalb des Ortes lag. Dann befahl sie Idefix: »Sitz und bleib!« Er durfte nicht weiter mitgehen. Sonst würde Kogelbauers Kettenhund anschlagen, und sie wollte eigentlich heimlich und unsichtbar eindringen, sich umsehen, den Mist einfassen und den Hof ungesehen wieder verlassen.

Dorli kletterte über den halb verfallenen Zaun. Es war eine Schande. Der Kerl war wahrscheinlich der reichste Mann in der Gemeinde. Aber der Hof war verkommen, überall lag Mist herum. Hühnerdreck vereinte sich brüderlich mit Hundescheiße. Die Geräte standen einfach so im Hof, Wind und Wetter ausgesetzt. Pflugscharen rosteten neben Mähmaschinen vor sich hin. Aber das war ihr egal. Sie wollte zum Misthaufen. Er war nicht zu verfehlen, denn er stank erbärmlich.

Dorli zog einen dicken Müllsack aus ihrer Hosentasche. Jetzt brauchte sie nur noch etwas, um den Mist einzufassen. Ein Stück abseits lagen Schaufeln, Mistgabeln, Rechen und andere Werkzeuge kunterbunt auf einem Haufen. Dorli griff sich das oberste Trumm. Es war zufällig ein Spaten. Nicht gerade das beste Werkzeug für ihr Vorhaben, aber auch nicht schlecht. Sie kehrte damit zum Misthaufen zurück. Immerhin war das Zeug aus dem oberen Teil nicht ganz so triefend nass. Sie öffnete den Plastiksack, hob mit dem Spaten die oberste Schicht ab und stach nach unten. Die gehäufte Schaufel entleerte sie in den mitgebrachten Sack. So verfuhr sie an vier verschiedenen Stellen des Haufens.

Sie legte den Spaten leise wieder zurück, woher sie ihn genommen hatte. Den Müllsack verknotete sie und warf ihn über den Rücken. Er war ganz schön schwer. Dann schleppte sie ihre duftende Last zum Zaun. Hob erst vorsichtig den Mistsack darüber und schwang sich hinterher. Als sie den Sack wieder aufnahm, merkte sie, dass er an der Seite ein Loch bekommen hatte. Na super! Jetzt würde ihr auf dem ganzen Heimweg die stinkende Brühe über den Rücken in die Schuhe rinnen. Doch wer neugierig war, musste kleine Opfer in Kauf nehmen.

Als sie auf die Straße zum Ort gelangte, hielt ein entgegenkommender Wagen. Der Kogelbauer!

»Was machst denn du da?«

»Hallo, Kogelbauer. Siehst doch, i geh mit dem Hund.«

»Und was schleppst da in dem Zeger?«

»Ich wüsst nicht, was dich das angehen tät!«

»Jetzt stell di net so an. Schaut schwer aus.«

»Ja, Gold hat amoi a ordentliches G'wicht!«

Dorli versuchte, ein möglichst blasiertes Gesicht aufzusetzen. Hoffentlich roch er nicht, was sie transportierte. Doch sie hatte Glück.

»Dann halt net, du blede Gas!«, schimpfte er in ihre Richtung und beschleunigte, dass der Schotter spritzte.

Pffff. Noch mal gut gegangen. Dorli wusste nicht, wie sie ihm hätte erklären sollen, dass sie ein paar Schaufeln Mist auf dem Rücken spazieren trug.

Zu Hause angekommen, warf sie den Sack in die Scheibtruhe und eilte ins Haus, um ihre Kleidung zu wechseln.

»Du lasst das ja in Ruh und steckst deine Schnauze da nicht rein!«

Idefix rollte sich neben der Gartentür zusammen und guckte beleidigt.

»Ich mein ja nur.«

Der Hund strafte sie mit Verachtung.

Als Dorli wenig später zurück in den Garten kam, lag Idefix immer noch – oder wieder – an derselben Stelle.

Dorli holte ein altes Plastiktischtuch, das sie schon längst wegwerfen wollte, und breitete es über den Gartentisch. Den Sack stellte sie mittendrauf und kippte den Inhalt auf den Tisch. Höchst interessant, was der Kogelbauer alles in den Mist schmiss, der nachher auf die Felder ausgebracht wurde. Dorli war froh, dass sie sich Gummihandschuhe angezogen hatte, bevor sie in dem Dreck zu wühlen begonnen hatte.

Da waren neben Stroh und Scheiße Metallösen von Getränkedosen drin, Tampons, Tierschädel, Fellreste, eine ganze Wirbelsäule, möglicherweise von einem Reh, der abgerissene Arm einer Plastikpuppe, eine völlig unversehrte Meerschaumpfeife – war die dem Kogelbauer im Saustall aus dem Mund gefallen? –, eine Schraube mit Mutter und eine Menge kleiner Teile, die Dorli nicht näher bestimmen konnte. Doch nichts davon sah nach menschlichen Überresten aus. Was natürlich gar nichts heißen musste. Aber sie konnte ihm wohl nicht den ganzen Scheißhaufen wegtragen, ohne dass er es merkte.

Es passte Dorli überhaupt nicht, das zuzugeben. Aber außer dass sie von oben bis unten voll stinkender Jauche gewesen war, hatte ihr Streifzug zu keinem Ergebnis geführt. Und ihre Schuhe waren vermutlich hinüber.

Das war natürlich gar nicht gut. Der Kogelbauer war sozusagen ihr Lieblingsverdächtiger gewesen. Aber vielleicht hielten auch noch andere Bauern in der Umgebung Schweine. Stand ja nirgends geschrieben, dass der Bauernhof in Buchau liegen musste. Vielleicht war er in Langebichl, Hernstein, Edelbachklamm oder sonst wo in der Umgebung.

Verdammt, Karl Kinaski hatte ihr doch erzählt, an wen er alles Saupech lieferte. Das wäre auch ein guter Anhaltspunkt gewesen. Wenn sie es sich gemerkt hätte.

Ach herrje, jetzt komm i a schon in des Hätti-wari-Alter?

Dorli gab sich einen Ruck, schnappte das Tischtuch an allen vier Enden und machte daraus ein Bündel. Dann schleifte sie es hinter sich her zum Mistkübel und kippte alles hinein.

»Komm, Hund, jetzt gibt es was zu Fressen, außer dir is bei dem Gestank der Appetit vergangen.«

41

»Ja?«

»Hallo, hier ist eine gute Freundin. Du musst mir einen Gefallen tun.«

»Wer spricht denn da?«

»Mein Name tut nichts zur Sache.«

»Aha. Und was ist Sache?«

»Dass du für mich jemanden umbringen sollst.«

»Wie bitte? Sind Sie wahnsinnig?«

»Aber Papilein, wieso siezt du mich denn?«

»Hören Sie, Sie haben sicher eine falsche Nummer gewählt. Ich leg jetzt auf.«

»Untersteh dich!«

Er knallte den Hörer auf die Gabel. Gleich darauf klingelte das Telefon erneut. »Ja?«

»Wenn du noch einmal auflegst, dann wirst du mich kennenlernen. Ich habe nämlich etwas ganz Nettes von dir.«

»Ich versteh zwar, was Sie sagen, aber ich hab keine Ahnung, was Sie meinen.«

»Dann werde ich deiner Erinnerung einmal ein bisserl nachhelfen. I war neulich bei dir. Da war eine Tür offen. In einer Kammer lagen eine Menge Köpfe von Menschen. Ein paar von denen habe ich sogar gekannt. Einen habe ich mitgenommen. Und falls du den Hias deswegen umbracht hast, dann hast an Unschuldigen erwischt.«

Er musste sich setzen. Wer war dieses Weib? Seine Mutter war tot, seine Schwester hatte er eigenhändig zerlegt. Wer zum Teufel war das? Und was hatte das zu bedeuten? Hatte sie den Hias beobachtet? Oder war er es wirklich nicht gewesen?

»Ich versteh immer noch rein gar nichts.«

»Na komm, Papilein, du bist doch sonst nicht so begriffsstutzig.«

»Was soll dieses blöde Papilein? Ich habe keine Kinder.«

»O doch. Meine Mutter hat es mir verraten, bevor sie gestorben ist, wer ihr ein Kind angehängt und sie dann sitzen lassen hat.«

»Und wer bitte soll das gewesen sein?«
»Die Gieswein Gerda.«
»Nie gehört.«
»Oder besser bekannt als die rote Gerda im Puff in Langebichl.«
Die hatte er wirklich eine Zeit lang regelmäßig besucht. Aber das war doch mindestens ein Vierteljahrhundert her!
»Da werd ich wohl nicht der Einzige sein, der in Frage kommt.«
»O doch. Sie hat vor ein paar Jahren einen Vaterschaftstest machen lassen.«
»Na, da müsste ich wohl auch was davon wissen.«
»Das war nicht notwendig. Sie hat dein Sperma von einer Kollegin genommen, die du gerade öfter besucht hast.«
»Wie dem auch sei. Selbst wenn Sie meine Tochter sein sollten, was ich stark bezweifle, weiß ich immer noch nicht, was Sie von mir wollen.«
»So deppat kannst ja net sein. Ich sagte, ich will, dass'd für mich wen erledigst.«
»Sie sind verrückt.«
Sie lachte. »Das scheint in der Familie zu liegen. Aber ich werd dir sagen, warum du das für mich tun wirst. I hab net nur den Kopf g'nommen. Des wär nämlich nachher blöd g'wesen. Denn i hab ihn ins nächstbeste leere Fassel gesteckt, weil i a Auto kommen g'hört hab. Und als ich den Schädel später holen wollt, waren die Fässer plötzlich weg. Aber i hab ja im Regal daneben in einer Lade auch noch einen Film g'funden. Den hab i eing'steckt. Und der hat eine höchst aufschlussreiche Handlung. Einer der beiden Hauptdarsteller bist du. Deutlich zu erkennen. Und das, was du kunstgerecht zerlegst, ist kein Schwein. Verstehen wir uns jetzt?«
»Moment.«
Er musste das Telefon weglegen und sich den Schweiß von der Stirn wischen, der ihm schon in die Augen tropfte und dort heftig brannte. Seine Hände zitterten so, dass er das Taschentuch kaum zu fassen bekam. Ein Film war auch weggekommen? Das war ihm noch nicht einmal aufgefallen. Verdammt! Wer immer dieses Weib sein mochte, er würde ihr einen Gefallen erweisen müssen. Falls es überhaupt bei dem einen blieb. Er griff wieder zum Handy.
»Was stellen Sie sich vor, das ich tun soll?«

»Erledig die Kofler Gundl. Und zwar so, dass es auf den ersten Blick wie ein Selbstmord aussieht. Noch diese Woche. Wenn nicht, schick ich das Video ans Landeskriminalamt. Noch Fragen?«
»Die Frau Bürgermeister?«
»No na. Oder kennst sonst noch jemanden, der so heißt?«
»Nnn… nein. Soll ich Sie nachher anrufen?«
Ihr glockenhelles Lachen verspottete ihn. »I bin do net blöd. Das ist ein Wertkartenhandy, das i jetzt sofort wegschmeiß. Aber ka Sorg, i erfahr schon, ob der Trampel gestorben ist oder net. Mach's guat, Papilein!«

Die Leitung war tot. Er hieb sich mit der flachen Hand gegen den Kopf. Er hatte zwei Menschen umgebracht, nur weil er dachte, der Hias sei bei ihm eingedrungen und hätte einen Schädel gestohlen. Dabei war es eine Frau, der Stimme nach jung, die sogar behauptete, seine Tochter zu sein. Und jetzt betrachtete sie ihn anscheinend als ihren privaten Auftragskiller. Na klasse! Wie kam er nur aus der Nummer wieder raus?

Innerhalb einer Woche wollte sie den Tod der Bürgermeistersgattin. Wie stellte sie sich das vor? Die ganze Gegend wimmelte von Beamten des LKA. Und noch dazu sollte es aussehen wie ein Selbstmord. Und was sollte das heißen: auf den ersten Blick? Egal. Jedenfalls musste er es erst mal schaffen, mit der Frau in einer einsamen Gegend allein zu sein. Verdammt, verdammt, verdammt!

Er lief in sein Kopfkino. Griff in die Lade mit den Bändern, zählte sie. Tatsächlich, eines fehlte. Es waren zwölf gewesen. Jetzt lagen hier nur elf. Es blieb ihm wohl nichts anderes übrig, als für die dumme Kuh die Frau vom Bürgermeister zu erledigen. Riskant, besonders in der jetzigen Situation. Aber was sollte er tun? Er wusste ja nicht einmal, wer diese ominöse Tochter war, geschweige denn, wo oder wie er sie erreichen könnte. Doch eines würde er vorher auf jeden Fall machen. Ein Protokoll dieses Anrufes anlegen und zu seinen Unterlagen im Kopfkino hinzufügen. Sollte er wegen dieser blöden Geschichte auffliegen, sollte seine angebliche Tochter nicht davonkommen. Außerdem musste er versuchen herauszubekommen, wer das Luder war. Denn eines stand fest: Nochmals würde er für sie niemanden umlegen.

42

»Frau Wiltzing!«

Dorli blieb stehen und sah sich nach dem Rufenden um. Es war Oberleutnant Leo Bergler, der die Dorfstraße herunterkam.

»Ah, der Herr Kommissar. Gibt's was Neues?«

»Nicht wirklich. Aber ich würde gern noch mal mit Ihnen sprechen. Haben Sie ein paar Minuten?«

»Sicher. Beim Kirchenwirt?«

»Zu öffentlich. Denn die Steine haben Augen und die Wände haben Ohren.«

»Ups! Wie konnte mir das bisher entgehen?«

»Machen Sie sich über mich lustig?«

Dorli grinste. »Würde ich mich nie trauen.«

Leo Bergler zog finster die Augenbrauen zusammen.

»Sie und sich was nicht trauen!« Doch dann öffnete sich sein Mund zu einem breiten Lachen. »Entweder am Gemeindeamt oder bei Ihnen zu Hause. Das wäre mir noch lieber, denn da hört uns bestenfalls Ihr Hund zu.«

»Na gut. Gehen wir gemeinsam oder ich voraus und Sie schleichen mir nach?«

»Frau Wiltzing!«

»Is ja schon gut, ich bin schon wieder ein artiges Mädchen.«

Zu Hause angekommen, forderte erst Idefix ein gehöriges Maß an Begrüßung, Balli und Leckerli. Dann durfte sich Dorli ihrem unerwarteten Gast widmen.

»Was zu trinken? Kaffee, Bier, Wein, Fruchtsaft?«

»Machen Sie sich keine Mühe. Außer Sie mögen auch Kaffee. Ansonsten wäre ein Glas Wasser fein.«

»Leitung? Mineral?«

»Einfach aus der Leitung.«

Dorli verschwand kurz in der Küche und befüllte die Kaffeemaschine. Dann nahm sie einen Glaskrug, warf eine Handvoll Eiswürfel hinein, drei Schnitz von einer Zitrone und ergänzte das Ganze mit kaltem Wasser. Als sie nach dem Tablett greifen wollte, merkte sie, dass ihr der Kommissar in die Küche gefolgt war.

»Bleiben wir doch gleich hier am Tisch.«

»Wie Sie möchten. Und was gibt es jetzt Spannendes?«

»Wir haben zwei Leichen, einen abgetrennten Kopf, ein paar Fingerabdrücke, die wir nicht zuordnen können, und nach wie vor kein Motiv. Es ist zum Kotzen.«

»Und keinerlei Erkenntnisse, wer der Täter sein könnte?«

Leo Bergler schüttelte den Kopf. »Wir haben uns intensiv mit verschiedenen Fragen beschäftigt. Zum Beispiel: Wohin sind all die Leichen verschwunden, wenn hier wirklich ein Serienmörder sein Unwesen treibt?«

»Und, haben Sie eine Antwort gefunden?«

»Nicht eine, mehrere. Aber eine ist so unwahrscheinlich wie die andere. Wenn er die Leichen vergraben hat, wieso ist nie eine aufgetaucht? Irgendwann taucht immer eine auf, vor allem über einen so langen Zeitraum. Hat er Beziehungen zu einem Friedhof? Vielleicht einem aufgelassenen? Hat er einen Acker, wo er sie unbeobachtet einbuddeln konnte? Oder könnte er ein Schweinezüchter sein, der die Reste an seine Tiere verfüttert? Ist es überhaupt jemand aus der Gegend? Ist doch eher unwahrscheinlich, dass einer in seiner Heimatgemeinde die Leute umbringt. Das wär ja fast so, als würde ein Bankräuber die Filiale im Dorf überfallen. Ist der Mörder so blöd? Das sind nur ein paar von den hundert Fragen, auf die wir keine Antwort wissen.«

»Die Idee mit den Schweinen hatte ich auch schon. Obwohl mir nicht sehr wohl ist, wenn ich daran denke, dass der Lieferant meines sonntäglichen Schnitzels möglicherweise mit Menschenfleisch gemästet worden sein könnte.«

»Mit diesen Gedanken sind Sie nicht allein. Ich habe, seit wir auf die Idee gekommen sind, hier nur mehr Gerichte ohne Fleisch gegessen.«

»Wenn der Mörder wüsste, dass er einen wichtigen Beitrag zur Gesunderhaltung eines Polizisten leistet, würde er sich wahrscheinlich aus Kummer freiwillig stellen.«

»Frau Wiltzing!« So wie Leo Bergler knurrte, war er entweder wirklich ungehalten oder ein hervorragender Schauspieler. Dorli nahm die Kaffeekanne und stellte sie nebst zwei Tassen auf den Küchentisch.

»So, unser legales Aufputschmittel ist fertig.« Sie goss das dunkle Gebräu in die Tassen. »War die Idee mit den Schweinen der Grund, dass Sie beim Kogelbauer alles umgedreht haben?«

Leo Bergler lächelte säuerlich. »Unter anderem. Der Kerl war nicht gerade zur Kooperation bereit. Ohne Durchsuchungsbeschluss durften wir allerdings nur dort hin, wohin er uns gelassen hat. Und für einen solchen Beschluss fehlten einfach die Beweise. Ein leiser Verdacht reicht da nicht.«

»Ich kann mir lebhaft vorstellen, wie nett der Kogelbauer reagiert hat. Er ist schon normalerweise ein Grantscherm, und in dieser Woche läuft's für ihn gar nicht gut. Und, habt's was g'funden?«

»Selbst wenn, dürfte ich Ihnen das nicht sagen.«

»Verstehe. Habt's auch den Mist untersucht?«

»Den Mist? Warum denn das?«

»O Mann, diese Stadteier! Was die Viecher nicht verdauen oder was sie nicht fressen, findet sich in der Scheiße und der Stalleinstreu wieder, wenn ich das mal so locker formulieren darf. Da wir keine Ahnung haben, wann der Mörder den Letzten erledigt hat, den er auch verschwinden hat lassen, ist das zwar keine besonders erfolgversprechende Sache, aber eine Möglichkeit. Da der letzte Mist spätestens im März ausgebracht worden ist, bevor die Felder bestellt wurden, liegen hier immerhin die Spuren der letzten drei, vier Monate …«

»Zum Teufel, warum hat da keiner von uns dran gedacht?« Leo Bergler hieb mit der flachen Hand auf den Tisch. »Vermutlich, weil es so unwahrscheinlich klingt. Hm, wenn wir bei dem Kerl nochmals einfallen, macht er uns sicher die Hölle heiß. Er hat uns eh schon mit Gott, dem Teufel und der Landwirtschaftskammer gedroht.«

Dorli lächelte. »Dann war's noch nicht gefährlich. Danach kommt sein Freund, der Präsident des Landeskriminalamts in

Sankt Pölten, und wenn das auch noch nicht die beabsichtigte Wirkung hat, droht er mit dem Finanzlandesrat zur rechten Hand Gottes in Niederösterreich.«

»Gibt's in Niederösterreich einen anderen Gott als im Rest Österreichs?«

»Na, das will ich meinen. Hier regiert Gottkönig Erwin der Größte. Mit eiserner Hand und einer Handvoll Halbgottssklaven. Zum Ausgleich haben's in Wien den Häuptling Michael und seine Indianer-Vasallen.«

»Sie erschrecken mich!«

»Der unerschrockene Mörderjäger lässt sich von einer kleinen Gemeindesekretärin ins Bockshorn jagen?«

»Nur von ihren Worten. Aber die Sache mit dem Misthaufen gefällt mir, ehrlich. Wenn der Bauer nichts zu verbergen hat, dann kann er nicht ernsthaft etwas dagegen haben, wenn wir seinen Mist untersuchen. Und wenn er was dagegen hat, dann kann ich mich immer noch um einen Durchsuchungsbeschluss kümmern. Außerdem hab ich ein paar Kollegen, die ich liebend gern dazu abstellen würde, ein paar Tage in der Scheiße zu wühlen. Wir brauchen locker mehrere Tage, bis wir dort alles durch haben, was den grantigen Bauern sicher an den Rand des Schlaganfalls bringen wird. Und dann stelle ich mir gerade Dornröschens Gesicht vor, wenn wir ihm einen Laster voll Schweinemist vor die Tür kippen.«

Dorli konnte nicht anders, sie musste laut lachen. »Da wäre ich gerne Mäuschen. Der kriegt den Rotlauf.«

»Was ist denn das?«

»Eine Schweinekrankheit! Mit roten Pusteln am ganzen Körper. Können auch Menschen bekommen.«

»Das allein wär's wert!«

Dorli kicherte. »Ich stell ihn mir grad bildlich vor. Und wie er sich aufführt, wenn er nicht zur Arbeit kann, weil der Rotlauf ansteckend ist.«

»Wissen S' was?« Leo Bergler erhob sich feixend. »Das war der netteste Abend, seit bei euch im Wald die Leichen aufgetaucht sind. Und ich kann mich gar nicht erinnern, wann ich zum letzten Mal so herzlich gelacht hab. Aber jetzt muss ich los. Aktion Schweinemist vorbereiten.«

Nachdem Leo Bergler gegangen war, fühlte sich Dorli beschwingt und gut aufgelegt. Ihr Mitgefühl mit dem Kogelbauer hielt sich in sehr engen Grenzen. Selbst wenn er nicht der Täter wäre, geschah ihm ganz recht, wenn mal jemand bei ihm alles umdrehte. Dann hatte er wenigstens einmal einen Grund, auf dem Hof richtig aufzuräumen.

Als Dorli später im Bett lag und den Hund neben sich schnarchen hörte, dachte sie an Leo Bergler. Was war denn das heute? Hatte sie allen Ernstes mit dem Kerl geflirtet? Das konnte doch wohl nicht wahr sein. Sie musste sich jedoch eingestehen, dass sie schon wesentlich unangenehmere Abende verbracht hatte.

Für irgendetwas, was auch nur fünf Millimeter über Freundschaft hinausging, war er zwar kein Kandidat. Aber vielleicht würde sie ihn als Taufpaten und Namensgeber für ihren Hund auserwählen. Idefix war ja wirklich ein saublöder Name für einen so großen Hund. Und man konnte ihn nicht einmal sinnvoll abkürzen. Idi? Erinnerte an den afrikanischen Diktator Idi Amin. Niemals! Fixerl? Klang nach Drogenhund. Und zwar nach einem, der das Zeug nicht suchte, sondern konsumierte. Unmöglich! Aber Leo? Das war doch ein super Name für einen Berner.

43

Am Morgen, auf dem Weg zum Amtshaus, traf Dorli ihre Schwägerin.

»Hast es schon g'hört?«

»Was denn, Lore?« Sie dachte natürlich an die Aktion Schweinemist.

»Die Gundl ist tot. Hat Selbstmord verübt.«

»Was? Die Frau vom Bürgermeister?«

»No na! Oder kennst du sonst a Gundl? Er hat sie heut Nacht vermisst gemeldet, und in der Früh hat sie die Polizei tot aufg'funden.«

»Und wieso Selbstmord?«

»Na ja, sie hat si im Wald aufg'hängt.«

»Die Gundl? Des glaub ich nie und nimmer! Die hat doch jetzt ihren Oiden voll in der Hand g'habt. Was Besseres hätt ihr gar net passieren können!«

»Tja, Dorli, die Wege des Herrn sind unerforschlich. Aber jedenfalls is sie tot. Und i an deiner Stell tät damit rechnen, dass die blede Schnepfen jetzt wieder im Amtshaus auftaucht.«

»Jössas, die ›schöne Babsi‹. Weißt, Lore, jetzt hast mir wirklich gründlich den Tag versaut.«

»Apropos versaut. Vielleicht kann i di mit was andern aufheitern. Beim Kogelbauer am Hof wimmelt's schon wieder von Polizisten. Jetzt nehmen's sein' Misthaufen auseinander. Er rennt umanand wie's Rumpelstilzchen und schreit alle an, die ihm in die Näh kommen.«

»Wenigstens etwas Erfreuliches.«

Lore lachte und knuffte ihre Schwägerin. »Dahinter steckt dei Freund, der Kommissar. Was wollt denn der gestern bei dir z'Haus?«

»Wieso weißt denn du schon wieder, dass der bei mir war?«

»Schatzi, i waß ois, was in unsern Ort passiert.«

»Dich täten's bei der Kieberei brauchen.«

»Und wer behandelt dann die Kasler von die alten Weiber? Glaubst, dass aner mit mir tauschen will?«

Lachend umarmten sie einander. Lore packte ihre Tasche, die sie abgestellt hatte, während sie mit Dorli geplaudert hatte.

»Des verdammte Mistding is scho so schwer, dass i in Zukunft die Hausbesuche nur mehr mit dem Auto machen werd. I derschlepp's einfach nimmer.«

»Tja, Lore, wirst du net heuer vierzig?«

»Erinner mi net dran!«

»Alles klar. Wenn'st amoi über vierzig bist und du wachst in der Früh auf und es tut dir nix weh, dann weißt, du bist tot.«

Lore zeigte ihr lachend einen Vogel und marschierte strammen Schrittes davon.

Der Vormittag verging rasch, ohne dass sich Willibald Kofler gezeigt oder auch nur angerufen hätte. Dafür klappte nach dem Essen die Tür. Als Dorli aufsah, stöckelte Barbara Schöne zum Besuchertresen.

»Sie sollten si besser jetzt scho darauf einstellen, verehrte Frau Wiltzing. I komm wieder. Der Willi wird mi heiraten. Und arbeiten wer'ma a miteinander.«

»Du lieber Himmel, Frau Schöne. Seine Frau ist noch net einmal richtig kalt, und Sie reden schon vom Heiraten. Lassen S' den armen Mann doch wenigstens erst seine Frau eingraben.«

»Ka Sorg. I wollt Sie nur warnen.«

Wie rücksichtsvoll! Aber eines stand für Dorli in diesem Moment fest: Wenn das passieren und die Schöne wieder im Amtshaus einreiten sollte, dann würde sie kündigen. Lieber stempeln gehen, als mit der Schöne weiterzumachen.

Am nächsten Morgen fand Dorli in der Zeitung zwei interessante Artikel. Der eine spekulierte darüber, dass der trauernde Witwer Willibald Kofler, Bürgermeister von Markt Buchau, gar nicht so unter dem plötzlichen Ableben seiner Gattin litt, wie man vermuten konnte, da die Ehe zerrüttet gewesen wäre und vor dem Aus gestanden hätte. Und obwohl kein Wort davon in dem Blatt stand, las man zwischen den Zeilen, dass dem Kofler der Tod seiner Frau recht gelegen kam. Ersparte er sich dadurch doch jede Menge Ärger und Geld. Denn es gab Gerüchte, er hätte ein Verhältnis mit einer anderen Frau.

Der zweite handelte vom Polizeieinsatz beim Kogelbauer und was für unfassbare Zustände dort auf dem Hof herrschten. Man hatte den Amtstierarzt eingeschaltet. Bis auf Weiteres durfte der Kogelbauer weder Milch noch Fleisch verkaufen. Erst musste er alle hygienischen und sonstigen Auflagen erfüllen. Niemand konnte sich erklären, warum es nicht längst bei einer Überprüfung aufgefallen war, wie es dort zugegangen war.

Dorli wusste es. Weil er überall jemanden kannte, der jemanden kannte, der was zu sagen hatte. Und da und dort ein paar größere Scheinchen in einem Kuvert den Besitzer gewechselt hatten. So einfach funktionierte Kogelbauers Welt. Und nicht nur seine. Wenn man den Zeitungen glauben durfte, funktionierte ganz Österreich so. Zum Speiben. Auswandern wäre eine Option. Die Frage lautete nur: wohin? Im Rest der Welt ging es ähnlich oder schlimmer zu.

44

»Hallo, Bertl. Ist was?«

Bertl Wagner war eben ins Amtshaus gestürmt, als sei eine Horde berittener Indianer hinter ihm her.

»Die Gundl hat gar net Selbstmord begangen.«

»Hab ich eh nie glaubt. Aber angeblich hat sie sich doch erhängt?«

»Eher wurde sie aufgehängt.«

»Wieso denkst du das?«

»I war da unbeteiligt. Aber dein Freund, der Gockel vom LKA, hat gemeint, bei so vielen Todesfällen in der kurzen Zeit sollte man bei einem weiteren genauer hinschauen. Also haben's die Gundl in die Gerichtsmedizin bracht. Wobei i mi eh glei geärgert hab. Denn wenn wir a Obduktion in Auftrag geben, wart ma mindestens a Wochen, und bei dem Wappler vom LKA geht des in an Tag. Jedenfalls hat sich herausgestellt, dass sie nicht nur blunzenfett war, sondern auch noch a ung'sunde Portion Beruhigungsmittel intus hatte. Und Dornröschen meint, die müsste sich schlafwandelnd und bewusstlos aufg'hängt haben.«

»Hm, ziemlich eigenartig.«

»Schon. Und das bringt mich gleich zum Thema meines Besuches bei dir, Dorli. Verdächtig ist in so an Fall natürlich als Erstes immer der Ehemann. Kannst du dir vorstellen, dass der Willi die Gundl hamdraht hat?«

»Nie im Leben! Der Willi is ein Waschlappen, wie er im Büchl steht. Wobei er natürlich a Motiv g'habt hätt.«

»Ja? Erzähl!«

»Vor a paar Tag hat die Gundl den Willi und die Schöne beim Pempern erwischt, weil der Dodel net amal seine Bürotür abg'sperrt hat, wie er mit ihr zugange war.«

»Da im Büro?« Bertls Augen glänzten sensationslüstern. »Was ist dann passiert?«

»Die Gundl hat die Schöne hochkant ausseg'schmissen. Und die is halbert nackert und zornrot abg'rauscht.«

»Da hätt eher die Schöne den Willi umbringen müssen, wenn er ihr net g'holfen hat.«

»Bertl, du hast ka Ahnung, wie die Frau tickt. Die will Bürgermeistersgattin werden. Hat sie mir selbst verklickert.«

»Wann?«

»Ja, das ist interessant. Am gleichen Tag, als Gundls Leiche gefunden wurde. Da ist sie z'Mittag bei mir auf'taucht und hat mich darüber aufgeklärt, dass der Willi sie heiraten wird und sie wiederkommt.«

»Hm. Vielleicht sollten sich die Mandeln vom Bergler einmal mit der kleinen Babsi unterhalten.«

Der arme Tropf! Mit der »kleinen Babsi«. Bertl war, wie so viele Männer, der überkandidelten Nudel vom ersten Tag an verfallen gewesen. Was fanden die Männer nur alle an der? Lag es daran, dass sie nuttig wirkte in ihrem Aufzug? Weil sie ein hilfloses Weibchen mimte? Hatte sie eine Ausdünstung, die sich auf die Testosteronausschüttung der Männer auswirkte? Eigentlich war es egal. Sie konnte die Schöne nicht leiden, was auf Gegenseitigkeit beruhte. Basta.

Am Nachmittag schneite Leo Bergler kurz herein.

»Ihre liebe Kollegin hat leider ein Alibi für die Zeit, als die Frau Bürgermeister das Zeitliche segnete.«

»Schad!«

»Dachte ich mir, dass Sie das nicht lustig finden werden. Mir bleibt im Moment nichts anderes übrig, als den Tod der Frau Kofler als weiteren ungeklärten Fall in die Liste aufzunehmen. Wobei ich, ehrlich gesagt, nicht daran glaube, dass das unser Serienmörder war.«

»Stimmt, warum sollte er? Aber andererseits passen ja der Mord am Hias und an der Frau aus Wien auch überhaupt nicht in sein Beuteschema. Denn vorher waren es Kinder und junge Erwachsene, und die Leute sind spurlos verschwunden. Warum sollte ein Serienmörder plötzlich seine Taktik ändern und die Leichen in der Gegend herumliegen lassen? Sofern es überhaupt einen Serienmörder gibt und ein Zusammenhang zwischen dem Verschwinden der Leut besteht.«

Dorli fuhr den Computer herunter. Nach dem Gespräch mit Leo Bergler würde sie das Amtshaus absperren. Es kam sowieso keiner.

»Ich glaub an den Serienmörder.« Leo Bergler strich sich nachdenklich übers Kinn. »Es sind zu viele Vorfälle in der Gegend, da besteht ein Zusammenhang. Für mich gibt es nur zwei Möglichkeiten. Erstens, der Mörder fühlt sich so sicher und unverwundbar, dass es ihm egal ist, wenn die Polizei ermittelt. Zweitens, es ist irgendetwas passiert, das ihn völlig aus der Bahn geworfen hat. Aber was?«

»Vielleicht war der Kopf im Fassl der Auslöser. Weiß man schon, wer das war?«

»Ein ungarischer Saisonarbeiter, der vor rund zehn Jahren aus der Umgebung von Langebichl verschwunden ist. Da am Tag davor Zahltag war, hat man damals vermutet, dass er heimgefahren ist, ohne jemandem etwas zu sagen.«

»Hm. Das hilft uns auch nicht weiter.« Dorli strich sich das Haar aus der Stirn.

»Nicht im Moment. Aber jetzt stellen Sie sich mal vor, der hat allen seinen Opfern den Schädel abgeschnitten und hebt sie irgendwo als Trophäen auf. Wenn ihm einer davon abhandengekommen ist, kann ihn das schon mächtig irritiert haben.«

»Gibt es von einem Polizeipsychologen irgendwelche Hinweise, wie der Mörder oder sein Umfeld aussehen könnte?«

»Die Frage kann ich mit einem entschiedenen Jein beantworten. Das Problem dabei ist, dass er scheinbar wahllos Frauen, Männer und Kinder erledigt. Das ist eher untypisch. Sehr oft sind Serienmörder Männer, die einen ausgeprägten Hass auf Frauen entwickelt haben, weil sie von ihrer Mutter missbraucht oder unterdrückt wurden. Sie töten Frauen. Weniger oft handelt es sich um Kerle, die von ihren Vätern missbraucht oder brutal misshandelt wurden. Sie rächen sich an Männern, stellvertretend für den Vater. Noch seltener sind es Frauen, denen das Gleiche widerfahren ist und die sich an einem Elternteil vergreifen. Aber wie passen Kinder da hinein?«

»Vielleicht, weil er als Kind von den anderen gehänselt wurde?«, warf Dorli ein.

»Das sieht unser Psychologe ähnlich. Aber er hat noch eine andere Theorie. Egal, aus welchem Grund der Kerl sein erstes Opfer umgebracht hat, könnte er dabei bemerkt haben, dass ihm diese Macht über Leben und Tod mehr gibt als alles andere. Und dann ist es gleich, wer das Opfer ist.«

»Pfff! Und wie findet man so jemanden?«

»Durch zermürbende kriminalistische Kleinarbeit. Und während der ganzen Zeit hofft man, dass es keine weiteren Opfer gibt.«

»Ich möchte nicht in Ihrer Haut stecken.«

»Danke für Ihr Mitgefühl, Frau Wiltzing. Das möchte ich momentan auch nicht. Aber mich fragt ja keiner.«

Leo Bergler lächelte halbherzig, nahm seine Jacke vom Haken und verabschiedete sich.

Dorli sperrte die Tür zum Amtshaus ab und lief nach Hause. Dort wartete Idefix-Leo schon darauf, dass sie mit ihm einen Spaziergang machte.

Während sie mit dem Hund durch den Wald trabte, meldete sich in ihren Gedanken etwas knapp unter der Bewusstseinsoberfläche, das sie schon einmal als wichtig eingestuft, aber wieder vergessen hatte. Was war das nur gewesen? Wie konnte sie so vergesslich werden? Alzi ließ grüßen! Verdammter Mist!

45

Als Dorli beim Frühstück saß, beschloss sie, dem Karl im Pecherhof nochmals einen Besuch abzustatten. Sollte der Serienmörder wirklich ein Schweinebauer sein, dann bezog der höchstwahrscheinlich Saupech. Denn das brauchte man zum Ablösen der Borsten.

Außerdem war ihr eingefallen, was sich gestern so erfolgreich ihrem Bewusstsein entzogen hatte. Leo Bergler hatte etwas von einem verlassenen Friedhof gesagt. Es gab einen. Den alten jüdischen Friedhof in Reinhof. Seit Jahren wurde darüber geredet, dass man den doch mal renovieren müsste. Geschehen war nichts. Vielleicht sollte sie sich dort umsehen. Es erschien ihr allerdings nicht sehr wahrscheinlich. Denn gerade in einem aufgelassenen Friedhof würden frische Grabspuren noch viel eher auffallen als irgendwo sonst.

Eine Stunde später hielt Dorli eine Liste in Händen. Darauf standen etliche Namen, die sie nie und nimmer mit der Schweinezucht in Verbindung gebracht hätte. Entweder, weil die Bauern die Sauen nur nebenbei hatten und hauptsächlich Kühe hielten und Milch produzierten. Oder solche Leute wie der Meixner, der einen Reiterhof betrieb. Und kein Schwein von seinen Sauen wusste. Wenn er überhaupt welche hatte. Sie würde sich auch noch den Tierarzt vorknöpfen, der die Fleischbeschau bei den Schlachtungen in den umliegenden Orten vornahm.

Der Toni ein Mörder? Schwer vorstellbar. Aber auch nicht unwahrscheinlicher als alle anderen, die auf der Liste standen. Er mit seinem tollen Reiterhof, finanziell höchst erfolgreich, was man so hörte, und ein angesehenes Gemeindemitglied. Immerhin war er Ende vierzig, bis dato unverheiratet, und er hatte eine sehr dominante Mutter gehabt, freundlich ausgedrückt.

Dorli beschloss, dem Reiterhof einen weiteren Besuch abzustatten. Wenn der Bursche Schweine hielt, musste man die doch irgendwo finden. Und vielleicht wusste ja auch Susi Pechhacker etwas, das ihr weiterhelfen konnte. Der Tierarzt konnte bis morgen warten. Und nachher könnte sie dann gleich beim alten jüdischen Friedhof vorbeifahren. Ging in einem Aufwasch.

Dorli nahm die Kawa. Damit konnte man sich viel anonymer dem Ziel der Begierde nähern. Wer wusste schon, was unter einer Biker-Kombi und dem Helm steckte. Das Wetter war zwar ein wenig durchwachsen. Der Himmel grau in grau, ein fieser kalter Wind wehte. Aber es sah nicht nach Regen aus, zumindest im Moment. Und wenn es doch zu pieseln begann? Na wenn schon! Sie war nicht aus Zucker.

Bevor sie zum Meixner fuhr, legte sie einen kurzen Halt beim Gemeindeamt ein und hängte einen Zettel an die Tür: »Heute wegen Todesfall geschlossen«. Ob sie hier saß und die leeren Räume anstarrte oder gleich zusperrte, war auch egal.

Der Reiterhof machte einen verwaisten Eindruck. Da trug vermutlich das Wetter einen Gutteil Schuld daran. Denn es hatte angefangen zu regnen. Und wer wollte schon reiten, wenn der Himmel seine Schleusen öffnete?

Dorli stellte ihre Kawasaki vor dem kleinen Laden ab. Sie würde ganz unverfänglich mit Susi plaudern.

Doch daraus wurde nichts, denn Susi war gar nicht da. Der Laden war zu, nur ein kleines Schild hing hinter dem Glaseinsatz der Eingangstür: »Geschlossen«. Kein Hinweis, bis wann zu war oder wann wieder geöffnet wurde. Auch gab es keinerlei Angaben zu regelmäßigen Öffnungszeiten.

Ich könnt mich in den Hintern beißen! Warum hab ich Susi nicht gefragt, wann offen ist? Dorli war mehr als unzufrieden mit sich selbst. Wenn sie schon nicht mit Susi sprechen konnte, würde sie sich wenigstens ein bisschen auf dem Hof umsehen. Kurz überlegte sie, sich zu Fuß auf den Weg zu machen. Doch dann erschien es ihr günstiger, mit dem Bike langsam durch das weitläufige Anwesen zu fahren. Erstens würde sie sonst den halben Tag durch den Matsch latschen, zweitens könnte sie leichter abhauen, sollte sie entdeckt werden.

Dorli fuhr niedertourig zwischen den Pferdekoppeln und Stallungen hindurch. Durch den Regen und das Rauschen des Windes in den Bäumen war ihr Motorrad wahrscheinlich kaum zu hören. Sie begegnete keiner Menschenseele. Hinter dem Wohnhaus, an das Dorli lieber nicht zu nahe heranfuhr, war noch ein Stall oder Schuppen angebaut. Dahinter ein gemauertes Häuschen mit einem gewaltigen Schornstein. Daran anschließend ein lang gestreckter, niedriger Bau, fensterlos, bis auf zwei kleine Luken. Dahinter ein größeres Geviert, begrenzt durch betonierte Mauern, etwa einen Meter hoch.

Und hier waren sie, die Schweine. Eine ganze Rotte von mindestens zehn oder zwölf Sauen und eine beträchtliche Anzahl Ferkel. Sie durften sich in dem relativ großen Areal frei bewegen. Etliche Sauen suhlten sich in den reichlich vorhandenen Pfützen. Außerdem gab es einen Zugang zu einem gemauerten Stall. Die Schweine konnten rein oder raus, wie sie wollten. Seine Tiere hielt der Meixner jedenfalls gut.

Mittlerweile war der sanfte Regen in einen Sturzbach übergegangen. Dorli beschloss, es für heute gut sein zu lassen und in den nächsten Tagen mit Lupo wiederzukommen. Oder noch besser, Leo Bergler einen Tipp zu geben. Der könnte ja schließlich auch mit dem Tierarzt reden.

Langsam rollte sie Richtung Einfahrt zum Hof. Als sie eben durchfahren wollte, rauschte ein goldener Geländewagen von der anderen Seite auf das Tor zu. Anton Meixner kehrte ausgerechnet jetzt nach Hause zurück. Vielleicht war das doch sein Auto im Wald!

Toni bremste so scharf ab, dass sich sein Wagen in der Einfahrt quer stellte. Das Fenster auf der Fahrerseite glitt herab.

»Jössas, Dorli. Was machst denn du da? Du schaust ja aus wie a halb ersoffene Katz.«

»Hi, Toni!« Dorli versuchte, ihrer Stimme einen fröhlichen Klang zu geben. »Heut hat sich einfach alles gegen mi verschworen. Ich wollt die Susi besuchen, hab aber nicht gewusst, dass der Laden einen Ruhetag hat. Und der ist natürlich ausgerechnet heut. Noch dazu hab ich mich dazu entschlossen, mit dem Bike zu fahren, weil ich dachte, es wird net regnen. Na ja, das ist der Erfolg.« Sie wies mit ihrer behandschuhten Hand an sich runter. »Nass wie a 'bad'te Maus.«

»Ja, das Wetter ist ein Jammer. Wenn's so waschelt, kommt auch kein Mensch zum Reiten. Drum ist der Shop immer zu, wenn's regnet. Sonst haben wir nur am Montag und Dienstag geschlossen.«

»Wenn ich die Susi neulich gefragt hätte, hätt ich mir das Vollbad ersparen können.«

»Komm rein und wärm dich auf. Ich kann dich dann heimfahren.«

»Toni, das ist sehr lieb, aber ich hab nicht allzu lange Zeit. Ich wollt mit der Susi ja nur ausmachen, wann wir uns treffen können. Grüß sie bitte schön, und ich melde mich demnächst. Ich muss zurück ins Amtshaus. Der Herr Bürgermeister ist ja wegen Gundis Tod nicht da, und die Barbara Schöne, meine Vertretung, hat der Herr Kofler gekündigt. Jetzt hängt also alles an mir.«

»Ein paar Minuten wirst scho Zeit haben. Jetzt komm schon, Dorli. Wenigstens auf einen Schnaps mit Tee, oder umgekehrt.«

Eigentlich wollte Dorli nur mehr weg. Dadurch, dass Meixners Riesenkübel quer in der Einfahrt stand, konnte sie nicht an ihm vorbeifahren, ohne ihr Motorrad oder seinen Wagen zu beschädigen. Am liebsten hätte sie einfach Gas gegeben.

»Toni, bitte lass mich jetzt durch. Ein anderes Mal komm ich gern auf dein Angebot zurück. Aber jetzt muss ich wirklich.«

Doch Meixner machte keine Anstalten, beiseitezufahren. Schön langsam wurde es Dorli mulmig. Was sollte sie tun? War er nur der gute und erfolgreiche Bauernsohn, der sich mit seiner Hände Arbeit ein wunderbares Unternehmen aufgebaut hatte und sie zu einem unschuldigen Schluck einlud? Der ihr ihre Unhöflichkeit nicht durchgehen lassen wollte? Oder war er ein Serienmörder, der etliche Menschenleben auf dem Gewissen hatte und dem unheimlich wurde, wie oft sie hier aufkreuzte? Oder war er beides?

Dorli rollte mit ihrer Maschine ein paar Meter zurück und zur Seite und stellte den Motor ab. »Na gut, überredet. Aber nicht zu lang! Versprochen?«

Sie wollte so tun als ob und warten, bis Toni den Weg freigab, und dann würde sie einen Blitzstart hinlegen und davonbrausen.

Toni lächelte sie an und kam mit seinem Wagen längsseits. »Gute Idee. Fahr mir nach. So tropfnass lass ich dich nicht in mein schönes Auto. Bis gleich.«

Dorli nickte und betätigte den Kickstarter. Der Toni klang wirklich nur besorgt. Was sie sich wieder einbildete!

Ihre bislang immer so zuverlässige Kawa wollte nicht anspringen. Und vor ihr schloss sich langsam, aber sicher das große eiserne Tor. Scheibenkleister! Der Meixner musste eine Fernbedienung dafür im Wagen haben.

Dorli wiederholte den Startvorgang. Dann sprang sie vom Bike, rüttelte an den Kerzen. Alles sah ganz normal aus. Aber das Mistding sprang einfach nicht an. Sie musste innerhalb der nächsten Sekunden eine Entscheidung treffen. Flüchten, irgendwie, zur Not zu Fuß? Da würde sie nicht weit kommen. Denn Toni konnte ja sein Tor jederzeit öffnen und ihr mit dem Wagen nachbrausen. Oder mit dem Toni einen heben gehen? Plötzlich erwachte der Motor ihrer Maschine röchelnd zum Leben. Nach einer Reihe von Fehlzündungen klang er wieder wie immer. Die große Einfahrt des Reiterhofes war mittlerweile geschlossen. So eine verdammte Scheiße!

Langsam drehte Dorli eine Schleife und sah sich dabei nach einer Fluchtmöglichkeit um. Es gab keine. Zumindest keine, die ihr auf Anhieb auffiel. Denn die Zufahrt war auf beiden Seiten von Pferdekoppeln begrenzt, die einen massiven Holzzaun aufwiesen. Vermutlich vom gewissenhaften Hias für die Ewigkeit gebaut.

Sei nicht so hysterisch!, ermahnte sie sich selbst. *Was ist denn schon dabei, wenn du mit dem Toni einen heißen Tee kippst? Er wird dich ja nicht gleich umbringen!* Doch in Dorlis Magen bildete sich ein harter Knoten. *Und wenn doch?* Keiner wusste, wo sie war. Als sie ausrollte und die Kawa abstellte, versuchte sie mit ihrem Handy Lupo zu erreichen. Aber auch die Idee zerstob in nichts, es gab hier keinen Empfang. Nicht einmal ein Stricherl am Display! Da sie ohnehin keine Wahl hatte, beschloss Dorli, sich einfach freundlich und unverfänglich mit dem Meixner zu unterhalten. Und irgendwann würde er sie hoffentlich gehen lassen.

Und wenn nicht? Dorli verdrängte diesen Gedanken energisch, nahm den Helm ab, schüttelte ihr Haar aus und strich es mit beiden Händen aus dem Gesicht. Dann folgte sie Toni ins Haus.

46

Lupo war am Morgen mit Dorli verabredet. Sie wollten heute weitere Bauernhöfe der Umgebung abklappern und herausfinden, wer noch Schweine hielt.

Doch als Lupo aus seinem klapprigen Gefährt kletterte, führte Idefix hinter dem Zaun Freudentänze auf.

»Na, was ist denn mit dir los?«

Lupo wollte die Gartentür öffnen, doch sie war abgeschlossen. Er klingelte. Niemand öffnete. Idefix bellte. War doch komisch, dass Dorli schon am frühen Morgen nicht zu Hause war. Der Hund aber schon. Kurz entschlossen kletterte Lupo über den Zaun. Als er Idefix' Wassernapf sah, war ihm klar, dass etwas nicht stimmte. Die Schüssel war knochentrocken. Lupo füllte sie mit frischem Wasser aus der Leitung an der Hauswand. Idefix schlabberte gierig.

»Wenn du kein Wasser hast, ist Dorli schon länger verschwunden. Dann hast du wahrscheinlich auch kein Futter bekommen?«

Idefix hatte fast die ganze Schüssel leer getrunken. Lupo füllte sie erneut. Dann schwang er sich über den Zaun nach draußen. Er brauchte Hundefutter. Und zur Sicherheit würde er auch noch beim Gemeindeamt vorbeifahren, bevor er die Polizei alarmierte. Vielleicht hatte Dorli aus irgendeinem Grund dortbleiben müssen.

Am Amtshaus sah er den Zettel »Wegen Todesfall geschlossen«. Gemeinsam mit ihm war eine junge Frau an die Tür gekommen.

»Das ist jetzt aber net wahr! Der blöde Zettel hängt schon seit gestern früh da. Was denken sich die Sesselfurzer eigentlich?«

Empört trat sie gegen die Eingangstür und zog schimpfend ab.

Dorli war gestern nicht im Büro gewesen? Sie hatte die Nacht nicht zu Hause verbracht und niemanden damit beauftragt, nach ihrem Hund zu sehen? Dann musste etwas Furchtbares passiert sein. Kurz überlegte er, die Polizei zu informieren. Doch was sollte er den Beamten sagen? Dass Dorli nicht zu Hause war, obwohl sie verabredet waren? Die würden gar nichts tun, als ihn auszulachen. Er wusste aus Erfahrung: Wenn Erwachsene verschwanden, ging die Polizei prinzipiell davon aus, dass dies ihr gutes Recht sei und sie bald wieder auftauchen würden.

Lupo fuhr, so schnell sein altes Schnauferl das schaffte, zum Supermarkt in Langebichl. Warf mehrere Hundedosen und einen Sack Trockenfutter in eine Tragetasche aus Plastik. Er fluchte, weil an der Kasse vor ihm noch mindestens fünf Frauen standen, von denen eine die Kassierin in langwierige Verhandlungen über ein Sonderangebot verwickelte, das angeblich noch bestehen sollte, laut der Bediensteten des Supermarktes aber schon abgelaufen war.

»Schaun S', Frau Lenhard, i kann Ihnen den reduzierten Preis net verrechnen, weil das zieht das Lesegerät bei der Kassa automatisch ab. Und wenn die Aktion aus ist, dann nimmt's wieder den normalen Preis.«

Worauf die Kundin ihren Einkauf am Förderband stehen ließ und wegging.

»Frau Lenhard«, rief ihr die Kassierin nach, »was soll ich denn jetzt mit Ihren Sachen machen?«

Die Frau zuckte mit den Schultern. »Machens S', was wollen. I komm da nimmer her! Betriaga seid's es, Halsabschneida.«

Die wehrhafte Kundin hatte in den Hausfrauen hinter ihr Verbündete gefunden. Lauthals wurde mit der Kassendame gestritten.

Lupo stand wie auf Nadeln. Irgendwann platzte ihm der Kragen.

»Meine Damen, verzeihen Sie, aber es gibt Leute, die zur Arbeit müssen. Kann ich irgendwo das Hundefutter bezahlen?«

Mehr hatte er nicht gebraucht. Jetzt wendete sich die angestaute Wut der enttäuschten Kundinnen gegen ihn. Sie schrien auf ihn ein.

Diese kurze Pause ermöglichte der Kassierin, ihre Vorgesetzte zu verständigen, die nach gefühlten zehn Stunden endlich daherlatschte. Die Proteste der Kundinnen wurden von der korpulenten Dame kurz abgefertigt. »Die Aktion is aus. Wart's gestern kommen!«

Sie wollte schon wieder verschwinden. »Und was mach i jetzt mit der Ware von der Frau Lenhard?«

»Schmeißen S' das Zeug in a Wagerl. Vielleicht holt sie's no. Und wenn net, dann müssen S' es halt wieder ins Regal schlichten.«

Lupo hatte endgültig die Nase voll.

»Wenn ich jetzt nicht gleich zahlen kann, dann geh ich ohne zu zahlen!«

»Des schau i ma an!«, krähte die Stämmige.

»Wollen S' es ausprobieren? Und sich mit der Sicherheitsbehörde anlegen?«

»Ah, san Sie a ana von de Kieberer aus der Hauptstadt? Na kumman S' her da. Die drei Posten tipp i schnell in die andere Kassa.«

Plötzlich war die Dicke scheißfreundlich. Lupo dachte gar nicht daran, sie darüber aufzuklären, dass er nicht zum Polizeiteam gehörte. Hauptsache, er kam hier endlich weg.

Zurück bei Dorlis Haus, fand Lupo alles wie zuvor. Tor versperrt, Dorli verschwunden, Hund allein. In Ermangelung eines zweiten Napfes schüttete Lupo den Inhalt der Dose in Idefix' Wasserschüssel. Wenn er gefressen hatte, würde er sie ausspülen und wieder Wasser einfüllen. Den Sack mit Trockenfutter riss er auf und stellte ihn einfach offen hin. Der Hund konnte sich selbst bedienen, wenn er hungrig war.

Plötzlich hörte Lupo infernalischen Lärm. Als er sich zum Zaun umdrehte, sah er, dass mindestens zehn Motorradfahrer vor Dorlis Haus hielten. Ein Mann stieg ab, ein wahrer Hüne.

»Was machen S' denn in der Dorli ihr'n Garten?« Der Zweimetermann mit sicherlich hundertfünfzig Kilo Lebendgewicht baute sich drohend hinter dem Zaun auf.

»Darf ich wissen, was Sie das angeht?« Lupo war immer noch grantig wegen des Vorfalls im Supermarkt.

»Des werd i dir gleich zeigen!«, brüllte der Riese. »Burschen, absitzen. Über'n Zaun. Auf eam!«

Lupo dämmerte, dass er sich hier mit den falschen Leuten anlegte. Doch es war zu spät. Drei der Kerle waren schon im Garten. Wenn der Rest auch noch hineinkletterte, musste wegen Überfüllung geschlossen werden. Bevor er auch nur den Mund auftun konnte, boxte ihn der Riese in den Bauch, ein anderer drehte ihm einen Arm auf den Rücken, und ein dritter trat ihn ins Gemächt. Lupo klappte zusammen. Idefix bellte wie verrückt.

»Hören Sie«, er stöhnte und zwang seine Stimme, ihm zu gehorchen. »Ich füttere doch nur den Hund.« Lupo wies auf die leere Dose und den offenen Sack mit Hundefutter. Er hoffte, dass seine Stimme nicht so ängstlich klang, wie er sich fühlte.

»Und wo is die Dorli?«

»Keine Ahnung. Wir waren verabredet. Sie war nicht zu Hause, Idefix hatte kein Wasser im Napf und war hungrig. Also hab ich was zu fressen besorgt.«

In der Zwischenzeit hatte Idefix den Napf geleert. Lupo erhob sich unter Schmerzen, nahm die Schüssel, humpelte zum Hahn, wusch den Napf unter fließendem Wasser aus und füllte ihn mit Trinkwasser. Die Rocker standen im Halbkreis um Lupo und fixierten ihn finster.

»Dorli und ich wollten heute die Bauern in der Gegend abgrasen, um herauszufinden, wer Schweine hält.«

»Und für was soll des guat sein?« Wieder der Rädelsführer.

»Wenn Sie aus der Gegend sind, haben Sie sicher gehört, dass es hier mehrere Morde gegeben hat und die Polizei nach einem Serienmörder Ausschau hält. Dorli meinte, wenn jemand viele Leichen unauffällig beseitigen musste, dann könnte das ein Schweinebauer sein.«

»Kann schon sein«, meldete sich jetzt ein anderer Rocker. Er trug den Helm über dem Arm und hatte ein schwarzes Tuch um seinen Kopf gebunden. »Das erklärt aber immer no net, wo die Dorli is.«

»Genau!«, antwortete der Chor im Halbkreis.

»Deswegen mach ich mir die ärgsten Sorgen.« Lupo wischte sich über die Stirn. Dass er sich dabei die Reste aus der Hundedose ins Haar schmierte, merkte er nicht einmal. »Denn im Amtshaus war sie gestern schon nicht. Die Nacht hat sie offenbar nicht zu Hause verbracht. Und das ohne jemanden zu bitten, ihren Hund zu versorgen. Und unsere Verabredung hat sie auch nicht eingehalten. Ich fürchte, sie hat sich schon gestern allein auf die Suche gemacht. Und ist möglicherweise an den Richtigen geraten. Ich will gar nicht dran denken, was der mit ihr anstellen könnt.«

Der Riese trat mit finsterem Gesicht näher.

»I bin da Bär.« Er reichte Lupo seine Pranke. »Und die andern da san die Devils. Dorli is unsere Freundin. Wo wolltet's ihr denn heut hin?«

»Nicht zum Kogelbauer, bei dem war schon die Polizei. Wir wollten zu den anderen Bauern, die vielleicht Schweine haben.«

Bär zog ein Handy aus einer Tasche in seiner Lederkluft und wählte.

»Servas. Sag, welche Saubauern kennst denn du in der Gegend? – Nur die drei? Is guat. Danke.«

Er wandte sich an seine Männer.

»Aufsitzen! Du kommst mit mir. Hast a Puffen?«

»Eine Waffe? Nein.«

»Wurscht. Kriegst von mir a Ketten.«

Sie kletterten über den Zaun. Lupo schwang sich auf den Sozius und machte schmerzhafte Bekanntschaft mit einem wenig gepolsterten Sitz. Nach dem unsportlichen Tritt des Devils war er nicht gerade begeistert von der Raserei mit dem Motorrad über Stock und Stein.

»Erste Station is der Steinerhof.«

Donnernd erwachten die Motorräder zum Leben.

»Halt di orndlich an! Helm hob i kan für di. Los geht's!«

Bär fuhr zügig an, sodass Lupo Mühe hatte, hinter ihm im Sattel zu bleiben. Die wilde Jagd führte über ein Stück Landstraße, danach über einen Karrenweg, den die Rocker kaum langsamer passierten, um kurz darauf bei einem alten, ziemlich verfallenen Gehöft zu halten.

»Ausschwärmen!«, kommandierte Bär. »Wenn einer Säu sieht, Signalpfiff. In zehn Minuten treffen wir uns wieder da.«

Die Männer setzten sich in alle Richtungen in Bewegung.

»Ist denn der Hof überhaupt noch bewohnt?« Lupo sah keine Menschenseele, und alles wirkte verlassen, wie vor Jahren aufgegeben.

»Wer'ma glei wissen.«

Bär schwang sich wieder auf seine Maschine und raste querfeldein über den Hof. Kurze Zeit später war er wieder da, und der Rest der Mannschaft tröpfelte herbei.

Auch wenn der Hof verlassen sein mochte, hieß das nicht, dass hier nicht ein Mörder hausen konnte, gestand Lupo sich ein. Andererseits würde es wohl auffallen, wenn in einem verlassenen Gehöft jemand von Zeit zu Zeit auftauchte, eine Weile blieb, irgendwo herumhantierte und dann verschwand.

Die Rocker waren wieder vollzählig. Keiner hatte etwas entdeckt.

»Weiter zum Brandtner!«, kommandierte Bär. »Und schlaft's net ein. Die Dorli braucht vielleicht unsere Hilfe.«

Weiter ging die wilde Jagd.

Am Brandtnerhof empfing sie der Bauer mit der Flinte in der Hand. »Schaut's, dass weiterkummt's. Sonst kracht's!«

Bär baute sich vor dem Bauern auf, der ihm knapp bis ans Brustbein reichte.

»Halt di Goschen! Hast Säu? Wenn net, san mir scho wieder weg.«

Verdattert schüttelte der Mann den Kopf. »Seid's ihr jetzt alle deppert? Was wollt's denn mit ana Sau?«

Bär drückte mit der Hand die Flinte nach unten. Lupo fand es an der Zeit, einzugreifen.

»Wir wollen keine Sau. Wir suchen Dorli Wiltzing. Sie ist

verschwunden. Wir wissen nur, dass sie zu einem Bauern mit Schweinen wollte.«

»Die Dorli is weg? Soso. Seit wann denn?« Er rieb sich bedächtig mit der Hand über den Bart. »I hab sie gestern im Regen mit ihrn Motorradl Richtung Langebichl fahren g'sehn.«

»Gestern Vormittag?«, fragte Lupo nach.

Der Mann nickte.

»Bär, welchen Hof gibt es von Buchau Richtung Langebichl?«

»Da gibt's kane Bauern. Nur dem Meixner sein Reiterhof. Aber der hat doch kane Sauen.«

»Egal. Dort sollten wir als Nächstes hinfahren.«

»Okay. Alles auf die Gäule. Zum Meixner Toni.«

47

Dorli erwachte mit einem schrecklichen Brummschädel. Warum war es so finster? Sie versuchte, sich im Bett aufzurichten. Höllische Schmerzen schossen durch ihre Arme. Irgendwas klirrte bei jeder Bewegung. *Wo bin ich? Was ist denn los? Ich stehe, und meine Arme sind irgendwo angebunden. Verdammt, was soll denn das?* Plötzlich durchzuckte sie die Erinnerung an die Begegnung mit Toni. *Dieser Arsch! Was hat mir der in den Tee gegeben?*

Durch ihren Zorn hindurch bahnte sich eine sehr unangenehme Erkenntnis den Weg in Dorlis Bewusstsein. Ihr Bauchgefühl hatte sie nicht getrogen, als es ihr zur Flucht geraten hatte. Doch das hatte nicht funktioniert. Und jetzt hing sie hier irgendwo mit Ketten gefesselt im Finstern und wartete auf ihren Mörder. Dorli zitterte. Nicht nur wegen der trostlosen Perspektive, sondern auch, weil es in dem Raum bitterkalt war. Wenn sie wenigstens etwas sehen könnte!

Plötzlich ging das Licht an. Nach der Dunkelheit schmerzte es heftig in Dorlis Augen, sodass sie sie schließen musste. Gleichzeitig hörte sie eine Tür schnappen. War vielleicht keine schlechte Idee, so zu tun, als wäre sie noch bewusstlos. Ungeachtet der Schmerzen in ihren Armen, ließ sie den Kopf nach vorne sinken.

»Na geh, bist no immer net wach?« Toni Meixners Stimme, ohne jeden Zweifel. »So viel von dem Zeug hab i dir do gar net verabreicht.«

Er schlug ihr ins Gesicht. Dorli ließ ihren Kopf haltlos pendeln. Sie hörte, dass er sich ein paar Schritte entfernte. Sollte sie es wagen, ihre Augen ein klein wenig zu öffnen, um zu sehen, was der Schweinepriester tat?

Doch bevor sie sich zu einer Entscheidung durchgerungen hatte, traf sie ein Strahl eiskaltes Wasser mit hohem Druck.

Zu ihrem Schrecken merkte sie, dass sie ihre Lederkombination nicht mehr anhatte. Hatte der verdammte Scheißer sie ausgezogen?

Gleich darauf bekam sie den Strahl ins Gesicht. Wasser drang in Mund und Nase, sodass sie hustete und spuckte.

»Das hat noch jeden wieder aufgeweckt.«

Dorli öffnete die Augen. Der Meixner steckte eben den Schlauch zurück in eine Halterung an der Wand. Einer weiß gekachelten Wand. Der Boden war ebenfalls gefliest. Auf einem Tisch gleich neben ihr lagen allerlei Messer und Beile. *Der Schlachtraum. O Gott!*

»Verdammt, Toni, was soll denn der Quatsch?« Dorlis Stimme zitterte ebenso wie ihr ganzer Körper. Sie sah an sich hinunter. Immerhin hatte sie noch ihre Unterwäsche an. Doch die wirkte jetzt wie ein eiskalter Umschlag.

»Na komm, Dorli, jetzt tu net so. Jahrelang hab ich dich net g'sehn, und jetzt treibst dich auffallend oft bei mir herum. I will wissen, was du bei mir suchst.«

»Ich hab dir doch gesagt, dass ich mit der Pechhacker Susi in die Schule gegangen bin. Ich wollt sie nur fragen, wann wir uns treffen.«

»Sag, haltst du mi für blöd? Glaubst, i hab nicht g'sehn, wie du durch mein ganzen Hof g'fahren bist? Was hast du dort zu suchen?«

»Na, wenn du das gesehen hast, dann hast ja vielleicht auch bemerkt, dass ich erst am Shop war, oder? Ich wollt irgendjemand fragen, wann der Laden wieder offen hat. Steht ja nix ang'schrieben. Aber ich hab kein Schwein getroffen.«

Was nicht ganz stimmte. Denn die Schweine hatte sie getroffen.

»Falls es wirklich so g'wesen sein sollte, hast a Pech g'habt. Von da kommst lebendig nimmer raus. Und jetzt werden wir uns mal ein bisserl unterhalten.«

Dorli kroch Gänsehaut über Rücken und Arme. Der Meixner zog den Tisch mit den martialischen Gerätschaften näher. Die Zangen und Skalpelle, oder was immer das war, schepperten unheilvoll in den Metallschalen.

Der Meixner griff sich ein rasiermesserscharfes Teil und fuhr Dorli damit quer über den Körper. In Sekundenbruchteilen hing ihre Wäsche in Fetzen. Dort, wo das Messer ihre Haut geritzt hatte, trat Blut aus.

»Und jetzt mach ma a bisserl Blunzen«, verkündete er.

»Toni, warum tust du das?«

Dorli zwang Ruhe in ihre Stimme. Irgendwo hatte sie mal gelesen, dass man am ehesten eine Chance hatte, wenn man den Täter dazu brachte, über seine Taten und seine Motive zu reden.

»Weil mi mei Vater schon als kleines Kind dazu ausgebildet hat. Damals wollt i das nicht. Aber spätestens seit i ihn erledigt hab, ist mir klar geworden, dass i jetzt so was bin wie a Gott. I hab Macht über Leben und Tod.«

Gleichzeitig schnitt er in Dorlis Schulter, ihre Oberarme, ihre Brüste. Sie schrie. Fühlte es warm an den Armen hinunterrinnen und auf den Bauch tropfen. Dazu lächelte Toni in einer Art und Weise, die Dorli das Blut in den Adern gefrieren ließ. Panik überflutete sie.

Plötzlich ging ein leiser Alarm an, kaum hörbar, aber ein eindringlicher Dauerton.

»Hm, jetzt musst no a bisserl auf mi warten. Wir kriegen Besuch. I muass kurz weg.«

Anton Meixner drehte sich um, ging aus dem Raum und ließ die Tür hinter sich zufallen. Dann hörte Dorli, wie sich der Schlüssel im Schloss drehte.

Toni ein Mörder. Ein Serienmörder, wenn all die Toten und Vermissten auf sein Konto gingen. Das war ihr zuvor noch so abwegig vorgekommen. Und nun saß sie hoffnungslos in der Falle.

Selten in ihrem Leben hatte sie sich so einsam und verlassen gefühlt. Kein Mensch wusste, wo sie war. Sie bemerkte, dass sie nicht einmal sagen konnte, wie spät es war oder welcher Tag. Wenn sie Glück hatte, war der neue Tag schon angebrochen, und Lupo würde vergeblich auf sie warten. Die Frage war, was würde er tun?

Einfach warten? Oder beleidigt abziehen, weil sie ihn versetzte? *Bitte Lupo, sei ein Schatz und zieh die richtigen Schlüsse!*

48

Die Devils fuhren mit Getöse in Meixners Reiterhof ein. Lupo staunte nicht schlecht, was der hier aufgebaut hatte. Laut Dorlis Angaben in zehn Jahren mehr oder minder aus dem Nichts. Warum sollte so ein Mensch ein Mörder werden? Lupo verdrängte diesen Gedanken. Warum sollte so einer nicht morden? Als würden Reichtum und Erfolg dafür garantieren, dass man ein ehrlicher und friedlicher Bürger war.

Plötzlich schoss ein schwarzbrauner Blitz an ihm vorbei. Idefix war da! Er musste über den Zaun gesprungen und ihren Spuren gefolgt sein. Der Hund raste zu einem Schuppen am Ende der Zufahrt. Dort hielt er an und bellte. Der Stadl war mit einer massiven Holztür verschlossen. Bär und zwei andere Rocker versuchten, die Tür aufzudrücken. Doch sie war sehr stabil.

»Da drüben, der Pfosten!«, schrie Bär. »Bringt's ma den.«

Gemeinsam mit einem zweiten Riesen nahm er Anlauf und rammte den Holzpfahl genau in Schlosshöhe gegen die Tür. Beim dritten Schlag sprang sie auf.

Idefix schoss allen voran hinein und bellte einen Heuhaufen an. Als Lupo ein wenig darin herumstocherte, stieß er auf etwas Hartes. Kurz entschlossen riss er mit den Händen die Büschel trockenen Grases auseinander. Und da war Dorlis Kawasaki.

»Bär, das ist doch Dorlis Bike?«

Bär nickte. »Sie kann net weit sein. Freiwillig hätt die ihr Reiben nirgends stehn lassen.«

Am anderen Ende des Schuppens war eine massive Eisentür. Sie war verschlossen. Bär wollte mit dem Holzpflock auf sie losgehen.

»Lass es!«, bremste Lupo ihn ein. »Ich kenn das Modell. Das ist eine Tresortür. Wenn'st da was verbiegst, geht's gar nimmer auf.«

»Und was schlagst vor?«

»Wir brauchen entweder den Schlüssel oder Sprengstoff.«
»Hamma beides net. Wie wär's mit an Traktor? Wenn ma da dagegen bledern, muss des verdammte Türl doch aufgehn!«
»Und woher kriegen wir einen Traktor?«
»So was hat jeder Bauer. Los, Burschen! Wir brauchen an Trecker. Wer einen find't, gibt Zeichen. Der Ossi wird eam dann kurzschliaßen. Los!

49

»Achtung, hier spricht die Polizei. Werfen Sie die Waffen weg und kommen Sie mit erhobenen Händen aus dem Schuppen.« Bär lachte scheppernd. »Der Wahnsinnige hat die Kieberei g'ruafen. I glaub i spinn mit dem.«
Laut setzte er hinzu: »Männer, jetzt geht's ums Ganze. Wir müssen so lang durchhalten, bis der Ossi mit dem Trecker da is. Denn die Heh glaubt uns nie und nimma, dass die Dorli da drin is. Ka Angst, die werden net glei schiaßen.«
Bär und seine Kumpel warfen sich beherzt in den Kampf mit der Polizei. Da Lupo mitten zwischen den Fronten stand, hatte er wenig Wahl. Er konnte entweder auf der einen oder der anderen Seite mitmischen. Prügel würde er sowieso beziehen. Dann schon lieber auch welche austeilen. Bär drückte ihm eine dicke Kette in die Hand.
»Schau net so langsam, tua was!« Mit diesem Schlachtruf stürzte Bär sich auf den nächsten Beamten. Binnen kürzester Zeit war eine wilde Schlägerei im Gange.
Funkgeräte fielen zu Boden. Rocker und Polizisten kämpften verbissen um jeden Millimeter Stadlboden. Lupo bekam etliche ordentliche Fausthiebe und verwendete die Kette hauptsächlich, um Schläge abzuwehren. Alles in ihm weigerte sich, damit zuzuschlagen. Egal, auf wen, aber schon gar nicht auf Polizisten. Plötzlich stand er einem Mann gegenüber, den er kannte. Er ließ die Kette sinken und handelte sich einen schweren Treffer gegen sein Kinn ein. Lupo taumelte und versuchte sich an dem Beamten festzuhalten, um nicht zu fallen.
»Lass los, du damischer Hund!«, schrie der erbost.
»Oberleutnant Leo Bergler, pfeifen S' Ihre Leute zurück.«
Der Mann zögerte kurz, worauf ihn von hinten ein Schlag in den Rücken traf, der ihn samt Lupo zu Boden schickte.
»Hört's auf!«, brüllte Lupo. Doch in dem Schlachtgetöse blieb sein Ruf ungehört.

»Sind Sie nicht der Privatschnüffler, der mit Frau Wiltzing zusammen meine Arbeit behindert hat?«

»Ich bin Wolfgang Schatz, Detektiv. Und ja, ich habe mit Dorli zusammengearbeitet. Aber ich wüsste nicht –«

Der Kripomann bremste seinen Redefluss mit einer knappen Handbewegung.

»Kurzfassung! Was ist hier los?«

»Dorli ist verschwunden. Die Rocker und ich haben ihre Spur bis hierher verfolgt. Da vorn unter einem Heuhaufen war ihr Bike versteckt. Und wir glauben, dass sie hier gefangen gehalten wird. Und was ist Ihr Part hier?«

»Der Besitzer des Reiterhofs hat die Polizei gerufen, weil Rocker seinen Hof in Schutt und Asche legen. Und wir waren in der Nähe.«

»Gut so. Der nette Herr dürfte nämlich Ihr Serienkiller sein.«

»Wisst ihr, wo Dorli ist?«

»Wir glauben, hinter der Stahltür dort.«

Lupo und Leo Bergler klammerten sich aneinander und kamen gemeinsam mühsam auf die Beine. Bergler zog seine Dienstwaffe und richtete den Lauf gegen die Decke. Dann drückte er ab. Direkt neben Lupos Ohr.

Na fein! Lupo schüttelte sich. Nicht nur, dass er vermutlich keinen Zentimeter Haut vorweisen konnte, der nicht grün und blau war, jetzt hatte er noch einen Gehörsturz.

Langsam erstarben alle Bewegungen im Raum. Lupo hörte zwar nichts, sah aber Leo Bergler die Lippen bewegen. Dann trat Bär vor. Vermutlich erklärte er dem LKA-Mann den Plan mit dem Traktor. Und möglicherweise war der schon in der Anfahrt, denn plötzlich richteten sich alle Blicke zum Scheunentor.

Auf einmal hörte Lupo wieder. Bergler kommandierte ein paar Männer ab, die nach Anton Meixner suchen sollten. Bär winkte seine Leute zur Seite, und der Traktor fuhr vor die Stahltür. Während er sich mit dem Lenker kurz beriet, wie sie vorgehen sollten, bemerkte Lupo aus den Augenwinkeln, dass sich die Stahltür langsam öffnete. Er sprang vor und prallte mit Bergler zusammen, der die Bewegung wohl auch bemerkt hatte.

»Verdammt! Gehen Sie zurück. Das ist Sache der Kripo.«
Langsam öffnete sich die Tür. Ein Mann, mittelgroß, schlank, mit grau melierten, krausen Haaren, trat mit erhobenen Händen heraus.
»Tut ihm nichts! Er kann nichts dafür«, hörten sie Dorlis schwache Stimme. Und danach nur mehr Idefix' Jaulen und Bellen, als er sein Frauchen wiedersah.
Bergler übergab den Mann, der aus dem Raum mit der Stahltür getreten war, einem Beamten und eilte hinter Lupo her, der Dorli schon umfangen hielt.
»Wir brauchen Bolzenschneider oder irgendwas, womit man die Ketten durchschneiden kann. Und einen Notarztwagen.«
Lupo hielt Dorli aufrecht, sonst hätte sie hilflos in den Ketten hängen müssen. Sie konnte sich nicht mehr auf den Beinen halten. Auch wenn der Meixner sie nicht lebensgefährlich verletzt hatte, war ihr Blutverlust beträchtlich.
»Lupo! Schaff mir Idefix vom Hals. Er tut mir weh. Und hilf Jovan. Er hat versucht, mich zu befreien, als der Meixner nach draußen gerannt ist, weil ein Alarm losgegangen ist.«
»Mach ich. Und du sei jetzt still. Du hast viel Blut verloren. Die Ambulanz ist unterwegs, und irgendwer sucht was, womit wir dich hier runterschneiden können.«
Dorli versuchte eine Antwort. Doch dann ließ sie sich einfach nur gegen Lupo sinken.
»Ich störe die rührende Szene ja nur ungern. Aber wir haben hier einen Mann, der Frau Wiltzing befreien kann.«
Leo Bergler versuchte, Lupo zur Seite zu drängen.
»Hören S' auf. Dorli ist ohnmächtig. Ich muss sie halten. Sonst reißen wir ihr noch die Arme aus.«
Bär trat vor und schwang so eine Art riesiger Baumschere. Damit knackte er die Kettenglieder, die Dorlis Händen am nächsten waren. Die Ketten klirrten gegen die Fliesen der Wand. Dorli landete mit ihrem ganzen Gewicht in Lupos Armen.
Bär warf das Werkzeug weg.
»Gib ma die Dorli. Du schaffst es ja net amoi bis zum Türl.«

Bär lud sich die besinnungslose Dorli auf die Arme und trug sie durch den Schuppen hinaus auf den Vorplatz, wo soeben ein Rettungsfahrzeug hielt. Sanitäter und der Notarzt sprangen heraus, nahmen Bär das leblose Bündel ab und verfrachteten es in den Wagen. Der Arzt und zwei Sanis stiegen mit ein. Dann wurde die Tür geschlossen.

»Männer, in eure Sättel. Der Meixner hat die Fliagn g'macht. Der wird net weit kommen!«

»Verdammt, geht nach Haus! Das ist Sache der Polizei.«

Leo Berglers Protest ging im Lärm der startenden Maschinen unter. Unter Hinterlassung einer stinkenden Rauchwolke und mit erheblicher Lärmentwicklung fuhren die Rocker vom Hof. Nur Bär war noch da und zeigte auf den Sozius.

»Bist dabei, Kumpel?«

Wider besseres Wissen schwang Lupo sich hinter Bär. Nach dem Tag konnte er sich wahrscheinlich gleich neben Dorli ins Spital legen. Aber den Scheißkerl, der Dorli das angetan hatte, wollte er erwischen. Eigenhändig.

Als sie über die Landstraße bretterten, hörte Lupo hinter ihnen das sich entfernende Folgetonhorn des Rettungswagens. Dorli wurde ins Krankenhaus gebracht. Sie war in Sicherheit.

»Wieso haben Sie nicht schon früher das Tor zum Schlachthaus geöffnet?« Oberleutnant Leo Bergler vernahm den völlig verschreckten Jovan.

»Ich wollte Frau Wiltzing befreien. Bevor Chefe zurückkommt.«

»Sie haben einen Schlüssel für die Schlachtkammer?«

»Nein, aber Boss hat hingeschmissen in Küche, nachdem er Polizei gerufen hat wegen Rocker. Und ich Frau Dorli gestern gesehen hierherkommen und nix mehr gehen. Ich Angst um liebe Frau.«

»Die war ja wohl auch berechtigt.«

»Hoffentlich Chefe jetzt nix tun meiner Familie?«

Leo Bergler schickte zwei Männer zu Jovans Wohnung. Kurze Zeit später kamen sie zurück.

»Alles okay, Boss. Es war niemand zu Haus, als sich hier die Tragödie abspielte. Die Familie war geschlossen einkaufen. Kleider für die Kinder. Sie sind erst vor ein paar Minuten zurückgekommen. Da war der Zauber hier schon vorbei.«
Jovan schluchzte trocken auf. »Hvala Bogu! Gott sei Dank.«
»Gut. Nehmt seine Aussage zu Protokoll«, wies er einen Beamten an. »Dann könnt ihr ihn laufen lassen.«
Er wandte sich an Jovan. »Aber halten Sie sich zu unserer Verfügung. Wir müssen erst hören, was Frau Wiltzing zu sagen hat.«

50

»Wohin ist der Irre? Welches Auto hat er genommen?«
Leo Bergler hörte über Funk die Antwort.
»Kein Auto? Und da habt ihr ihn noch nicht?«
Es rauschte und knackte in der Verbindung. Doch er verstand trotzdem, was sein kleiner Trupp meldete, den er Anton Meixner hinterhergeschickt hatte.
»Verdammter Mist!«, brüllte er. »Der ist mit einem Pferd auf und davon? Und jetzt reitet er querfeldein, und unsere Leute kommen ihm mit den Autos nicht nach? Die können weder durch ein Kukuruzfeld brettern noch ihm über schmale Waldwege folgen. Ich glaub's einfach nicht!«
Er schlug mit der geballten Faust auf das Dach des nebenstehenden Wagens.
»Jetzt hat er a Beuln!«, maulte der Fahrer, »und i kann des brennen. Denn wenn's net bei einer Verfolgungsjagd war, zahlt das LKA des nimmer.«
»Schicken S' mir die Rechnung«, fauchte Leo Bergler. »Und wo bleibt der verdammte Hubschrauber? Wieso ist der immer no net da? In der Zeit könnten die ja schon z'Fuaß ankommen sein!«
Seine Leute betrachteten angelegentlich die Spitzen ihrer Schuhe oder ließen ihre Blicke in die Ferne schweifen. Nur Mario, ein Neuer, blickte ihn an. »Die Rocker sind ihm hinterher, mit ihren Bikes!«
»Na, da bin ich aber froh!«
In dem Moment vernahm man das Knattern der Rotorblätter des Hubschraubers.
»Verbindung?«
Ein Mann seiner Truppe reichte ihm ein Sprechfunkgerät. »Steht.«
»Heli, Achtung. Wir suchen einen Mann auf einem Pferd. Möglicherweise wird er von mehreren Motorradfahrern

verfolgt. Uns interessiert nur der Mann auf dem Würschtel. Suchen, stellen, festnehmen. Passt auf, er könnte bewaffnet sein. Er ist ein mehrfacher Mörder.«

»Herr Oberleutnant, kommen S' schnell! Wir haben was g'funden!« Eine junge Beamtin aus seinem Team hetzte über den Hof.

»Und was?«

Sie schüttelte sich und sah aus, als würde sie jeden Moment ohnmächtig werden. Verzweifelt rang sie nach Atem und den richtigen Worten.

»Einen Raum, voll mit menschlichen Köpfen. Entschuldigung!« Sie stürzte davon und erbrach sich würgend.

Leo Bergler wollte sie noch fragen, wo. Aber als er sah, dass sie kraftlos über dem Zaun der Pferdekoppel hing und immer noch kotzte, schritt er einfach auf das Haus zu. Musste ja wohl irgendwo da drinnen sein.

Als er den Raum gefunden hatte und den Inhalt sah, verstand er die junge Kollegin. An die zwanzig Köpfe lagen fein säuberlich aufgereiht und in Harz eingegossen auf einer Holzstellage. Selbst sein Magen schlug Purzelbäume – und er war einiges gewohnt.

Die Köpfe waren unversehrt, sah man davon ab, dass sie in einen durchsichtigen gelben Block eingegossen waren. Harz? Vermutlich. Am schlimmsten war der entsetzliche Ausdruck auf einigen Gesichtern. Weit aufgerissene Augen, eine blau angelaufene, dicke Zunge, die aus dem Mund hing. Sie waren hier in einer wahren Kammer des Schreckens gelandet.

Leo Bergler räusperte den dicken Knoten in seinem Hals weg. »Schuster?«

»Ja«, meldete sich ein älterer, dicklicher Mann.

»Rufen Sie Dornröschen an. Der soll mit allen Mitarbeitern, die er irgendwie auftreiben kann, hier einreiten. Den Mist kann er liegen lassen. Außerdem brauchen wir die Gerichtsmedizin.«

»Zu Befehl!«, antwortete Schuster zackig und salutierte. Der würde es wohl nicht mehr lernen, dass sie hier nicht beim

Militär waren. Alle bisherigen Versuche, ihm den Kasernenton abzugewöhnen, waren fehlgeschlagen.

»Was ist denn das eigentlich?«

Leo Bergler tippte mit der Spitze eines Kugelschreibers gegen ein Videoband, das mitten in einem sonst leeren Regal lag. Dabei verschob er die Kassette ein wenig. Darunter lag ein Zettel. »FÜR DIE POLIZEI«, stand in großen Blockbuchstaben darauf.

»Da drüber sind noch mehr Bänder.« Anja Berg, die Kollegin, die sich erst so krampfhaft übergeben hatte, wies mit ihrem ausgestreckten Arm zu einem kleinen Sekretär.

»Geht's wieder?«

»Danke, ja.«

»Gut gemacht, dass Sie erst rausgegangen sind und nicht den Fundort kontaminiert haben.«

Ein feines Lächeln huschte fast unsichtbar über Anja Bergs Gesicht. »Ich habe mich bemüht. Aber die Köpfe sind einfach furchtbar. Und so viele!«

»Dornröschen soll sich dieses eine Band hier als Erstes vornehmen. Da es für uns vorbereitet wurde, sind vielleicht wichtige Hinweise drauf.«

Bergler verließ den Raum. Draußen wuselten seine restlichen Beamten über den Hof.

»Was Neues vom Hubschrauber?«

»Sie haben den Mann am Pferd und die Rocker gesichtet. Doch die rasen wie die Blöden durch den Wald. Der Pilot sagt, ein Wunder, dass sich noch keiner dort um einen Baum gewickelt hat.«

»Mich interessiert mehr, wohin die unterwegs sind.«

Der Beamte zuckte mit den Schultern. »Das hat er net g'sagt.«

»Na, dann fragen S' ihn vielleicht! Bin ich heute von lauter Vollkoffern umgeben?«

Er war sich im Klaren darüber, dass er sich wie der letzte Arsch benahm. Aber er konnte es überhaupt nicht leiden, wenn eine Aktion, die er leitete, so in die Hosen ging.

51

»Scheiß mi an, der nimmt an Leberkas«, brüllte einer der Devils. Dass der Meixner mit einem Pferd flüchtete, und das noch querfeldein und dann durch den Wald, machte es für die Polizisten in ihren Streifenwagen so gut wie unmöglich, ihn zu verfolgen. Doch die Devils waren nicht so leicht abzuschütteln.

»Wo der durchkommt, da schaffen's wir no lang!«, kommentierte Bär die Manöver des Meixner.

Auf den Feldern war der ein wenig im Vorteil gewesen, denn da sah er vom Rücken des Pferdes weit in alle Richtungen. Währenddessen waren die Devils damit beschäftigt, ihre Bikes halbwegs in der Spur zu halten. Doch im Wald war dem Meixner die Höhe des Pferdes hinderlich. Immer wieder musste er Haken schlagen, um nicht von überhängenden Ästen aus dem Sattel gefegt zu werden. Bär und seine Männer holten auf dem griffigen Waldboden immer mehr auf.

Plötzlich bremste Bär, dass Lupo fast kopfüber abgestiegen wäre.

»Sakrahaxn, was soll denn des?«

»Schau, do vorn. Das Pferd hat sein' Reiter verlor'n.« Tatsächlich. Das Tier hetzte weiter durch den Wald. Sein Rücken war jedoch leer.

»Burschen, schaut's euch um. Der Meixner muss do irgendwo sein. Ohne Pferd kann er nur mehr rennen. Also Augen auf!«

Doch er war wie vom Erdboden verschluckt. Was Lupo auf eine Idee brachte.

»Nicht weit von da ist ein Hügel mit einer Falltür oben. Kann es sein, dass es da noch einen anderen Eingang gibt?«

»Wieso kennst denn du den alten Bunker?«

»Neulich hat jemand Dorli dort hineingestoßen. Die Anlage schien sehr groß zu sein. Wenn sie noch andere Eingänge hat, dann könnte der Meixner sich dorthin geflüchtet haben.«

Bär stieß einen markerschütternden Pfiff aus. »Devils, Kriegsrat!«
Sofort knatterten die Männer heran.
»Wer von euch kennt die oide Bunkeranlag?«
Drei Männer grunzten zustimmend.
»Gibt's da andere Eingänge als den am Hügel?«
»I kenn an beim hohlen Baum!«
»Is net a ana beim schiefen Marterl?«
»Na, dort geht's runter zu an ehemaligen Waffenlager.«
Die Männer sprachen durcheinander. Als der Lärm abgeklungen war, meldete sich ein junger Bursche.
»I glaub, es gibt da ganz in der Nähe an Eingang. Ich war als Kind einmal mit meinem Papa da.«
»Und wo ist der Zugang?« Bär trat zu dem Jungen.
»Lass mich kurz orientieren. Wo steht die Sonne? Dort drüben. Und wie spät is es? Guat, dann muss dort Süden sein.« Er deutete mit der Hand in eine Richtung. »Der Eingang liegt im Norden. Also gemma genau von der Sonne weg. Dort stoßen zwei Felsen aneinander. Von außen schaut's auf den ersten Blick so aus, als stünden die zu eng beieinander, als dass dort wer durchkönnt. Doch wenn'st hingehst, siehst, es ist genug Platz, dort reinzuschlupfen.«
Sie ließen ihre Motorräder stehen und rannten durch das Unterholz. Kurz darauf erreichten sie einen felsigen Hang. Wie der Bursche behauptet hatte, sah der Eingang zu eng für ein kleines Kind aus. Doch das war eine optische Täuschung. Einer der Felsen stand weiter hinten. Dadurch war der Durchschlupf größer als vermutet.
»Leise jetzt«, kommandierte Lupo. »Wenn der Meixner da drin ist, hat er den Vorteil auf seiner Seite. Seine Augen haben sich an die Dunkelheit schon gewöhnt, und wir kommen aus dem Hellen und sehen nix. Und wahrscheinlich ist er bewaffnet.«
Vorsichtig drangen sie in die Höhle vor. Einige knipsten ihr Feuerzeug an oder die Taschenlampenanhänger an ihrem Schlüsselbund. Vor ihnen teilte sich die Höhle in mehrere Gänge auf.

»Und wohin jetzt?«, flüsterte Lupo.

Bär gab die Frage weiter. Der Junge, der den Eingang gekannt hatte, zeigte auf den rechten Gang.

»Vielleicht kommt man bei den andern auch wo hin, das ist nämlich ein weit verzweigtes Höhlensystem, das im Krieg mit Bunkern und Schützengräben ergänzt worden ist. Aber i kenn nur den rechten Weg.«

Sie setzten sich flott in Bewegung. Es klang, als wäre eine Herde Mammuts auf dem Weg zur Tränke.

Nach einiger Zeit gelangten sie zu dem Bunkerteil, aus dem Lupo Dorli befreit hatte. Doch der Weg ging weiter.

»Wo führt der hin?« Bär hatte den Devil, der ihren Führer spielte, an seiner Seite.

»In ein Waldstück oberhalb von Langebichl.«

»Was sagst du, Lupo? Sollen wir da raus oder weiter den Gang entlang?«

Lupo hatte keine Ahnung. Sein Bauchgefühl sagte ihm, dass der Meixner für einen solchen Fall sicher vorgesorgt hatte. Und hier, mitten im Wald, konnte zwar kurzfristig ein Auto stehen. Aber ein Fluchtfahrzeug über Jahre verborgen zu halten war eine andere Sache. Das war vermutlich in der Nähe eines Ortes wie Langebichl leichter.

»Weiter«, entschied er nach einer kurzen Nachdenkpause. »Der braucht irgendeinen fahrbaren Untersatz. Ich glaub nicht, dass das Pferd so gut dressiert ist, dass es ihn irgendwo erwartet.«

Der Trupp setzte sich wieder in Bewegung. Auch wenn die Männer allesamt schwergewichtig waren, waren sie verdammt schnell. Lupo hatte Mühe, mit ihnen mitzuhalten. Und das, obwohl die meisten von ihnen mehr Prügel bezogen hatten als er.

Als sie bei Langebichl aus dem Höhlensystem auftauchten, standen sie in einem Stadl am Waldrand.

»Na, das is super getarnt!« Bärs Stimme drückte eine gewisse Hochachtung aus. »Der Kerl ist vielleicht verruckt, aber deppat is der ganz bestimmt net.«

Lupo riss die Tür ins Freie auf. Eine saftige Wiese lag vor

ihnen. Aber keine Reifenspuren. Waren sie beim falschen Ausgang gelandet?

»Do schaut's her!« Bär stapfte ein Stück in die Wiese. Er zeigte auf eine schmale Spur. »Der Oasch is mit'm Radl abg'haut.«

»Und wir haben unsere Bikes weiß Gott wo stehn!«

Allgemeines Gemurre begleitete diesen Kommentar eines Devils.

Lupo griff nach seinem Mobiltelefon. Doch die Hosentasche war leer. Verdammt! Er musste es bei der Keilerei mit der Polizei verloren haben. Und wie sollte er das jemals wiederfinden?

»Hat einer von euch ein Handy?« Er blickte von einem zum anderen.

»Do hast. Was willst denn damit?«

Lupo ignorierte Bärs Frage und konzentrierte sich. Dann tippte er die Nummer ein.

»Ja?«, meldete sich ein ziemlich unfreundlicher Leo Bergler.

»Schatz hier. Habt's ihr einen Hubschrauber im Einsatz?«

»Warum?«

»Wir haben den Meixner in den Wald zu einem Höhlensystem verfolgt, das im Krieg mit Bunkern und Gängen ausgebaut worden ist. Herausgekommen sind wir in einem Schuppen am Waldrand von Langebichl. Und von hier weg führen Spuren eines Fahrrades durchs Gras.«

»Wo genau ist das?«

Lupo reichte das Telefon an Bär zurück.

»Oberleutnant Bergler vom LKA braucht eine genaue Lagebeschreibung.«

Ein paar Augenblicke später hörten sie den Heli. Gleich darauf sprang Leo Bergler aus dem Hubschrauber. In der Ferne preschten Polizeiautos mit jaulenden Sirenen heran.

»Wo sind die Spuren?«, wandte sich Bergler an Lupo.

»Hier drüben. Das Pferd hat er mitten im Wald allein weiterlaufen lassen. Da wir nicht glaubten, dass er sich am nächsten Baum aufhängt, haben wir eine Spur gesucht. Das könnte er sein.«

Bergler quatschte ohne Punkt und Komma in sein Funkgerät. Kurze Zeit später steckte er es zufrieden in die Brusttasche.

»Schaut so aus, als hätten wir ihn gesichtet. Wollen Sie mitkommen?«

Alle wollten. Doch im Helikopter war nur für eine weitere Person Platz. Lupo entschuldigte sich bei den Devils.

»Sobald es was Neues gibt, melde ich mich. Und herzlichen Dank. Ohne euch hätten wir Dorli nie so schnell gefunden. Wer weiß, ob sie dann noch leben würde. Bär, vielleicht kann einer von euch Idefix heimbringen?«

Dann sprang er hinter Leo Bergler in den Heli. Der guckte ihn fragend an.

»Wieso kannten Sie meine Handynummer?«

»Sie haben mich vor ein paar Wochen einmal angerufen. Wegen der Frau Dürauer. Erinnern Sie sich?«

»Klar. Aber Sie wollen mir doch nicht allen Ernstes einreden, dass Sie sich die Telefonnummer gemerkt haben?«

Lupo lächelte wölfisch. »Ich bin vielleicht als Detektiv net grad der James Bond. Aber mein Gedächtnis ist phänomenal. Das hab ich sogar amtlich bestätigt.«

Bergler nickte bedächtig. »Na ja, irgendein Talent hat ja fast jeder.«

Lupo hörte förmlich das letzte, unausgesprochen gebliebene Wort des Satzes: Dodel.

Kurze Zeit später deutete der Pilot nach unten. Sie sahen Straßensperren, Polizeiwagen und jede Menge uniformierter Beamter auf den Straßen. Und mittendrin ein einsamer Radfahrer, um den sich langsam, aber sicher der Ring zuzog.

52

»Ach Dorli, wie romantisch. Der Detektiv hat di g'rettet!«
»Ich wüsst net, was da romantisch dran sein sollt, Lore.«
Dorli lag im Krankenhausbett. In ihren Armen steckten Nadeln, und auf einem Gestell über dem Bett hingen Plastikbeutel, aus denen diverse Flüssigkeiten in ihre Venen tropften. Dazu schmückten sie mehrere Verbände und Pflaster.
»Er war in Gesellschaft der halben Bande von den Devils, sie haben sich mit den Kieberern geprügelt, und erst als der Bergler und Lupo aufeinandergeprallt sind, so echt mit Ketten und Fäusten, sind's draufkommen, dass eigentlich eh alle das Gleiche wollen.«
»I find's trotzdem urschön!« Lore seufzte. »Glaubst, tät mi der Georg a suchen, wenn i weg bin?«
»Unter Garantie. Oder meinst, er will si die dreckige Wäsch selber waschen?«
»Geh, Dorli, du kannst einem wirklich jedes romantische Gefühl austreiben.«
Bevor Dorli zu einer Antwort ansetzen konnte, ging die Tür auf und Lupo steckte seinen Kopf ins Zimmer.
»Darf ich eintreten?«
»Hallo, Lupo. Das ist ein öffentliches Krankenhaus. Ich glaub net, dass die wegen mir die Besuchszeiten ausg'setzt haben.«
Lupo zwängte sich durch den Türspalt.
»Wenn du so redest, geht's dir schon wieder halbwegs.«
Er trug einen zerrupften Blumenstrauß. An der Handhaltung hätte man glauben können, er nähme mit dem Golfschläger Maß für den Abschlag.
»Mei, die Blumen sind aber schön. Net wahr, Dorli?«
Lore entriss Lupo den Strauß und machte sich auf die Suche nach einer geeigneten Vase.
Als Lupo näher trat, klopfte Dorli aufs Bett. »Setz dich her da. Du schaust aber a net schlecht aus!«

Lupos rechtes Auge schillerte in allen Farben von Dunkelviolett bis Grün. Über einer Braue klebte ein Heftpflaster. Seine Fingerknöchel waren aufgeschunden und verschorft.

»Da solltest erst den Rest sehen. Alle Regenbogenfarben. Ich bin a richtig bunter Hund.«

»Na wenn'st dich mit den Devils einlasst! Und dann noch eine Prügelei mit der Polizei anfangst ...«

»Das, liebe Dorli, wollen wir mal nicht so stehen lassen. Ang'fangt haben nicht wir!«

»Ich möcht mich jedenfalls ganz sakrisch bedanken. Ohne dich hätt mich der Meixner wahrscheinlich auch abkragelt und an seine Sauen verfüttert.«

In diesem Moment wurde die Tür schwungvoll aufgerissen, und Leo Bergler stürmte herein.

»Wo ist sie, die tapfere Frau von La Mancha, die allein gegen Windmühlen und Serienkiller kämpft?«

»Ach, der Herr Kommissar!« Lupo musterte ihn kritisch. »Wieso haben Sie eigentlich keine Blessuren im G'sicht?«

»Vielleicht, weil sich Ihre Rockerfreunde gescheut haben, dieses Gesamtkunstwerk zu zerstören?« Er zeigte auf sich selbst und grinste. »Und übrigens, Kommissar gibt's kan!«

»Moment!«, mischte sich Dorli ein. »Die Rocker sind *meine* Freunde. Und das einzige Kunstwerk, das die respektieren«, sie machte eine dramatische Pause, »ist ihr Bike.«

Dorli lächelte und wies auf einen Sessel. »Wollen Sie sich nicht setzen?«

»Nein, ich muss ohnehin gleich weiter. Wollt nur sehen, wie's Ihnen geht.«

»Gut. Morgen darf ich wahrscheinlich eh schon wieder heim. Wird Zeit. Mein armer Wuffel wird schon ganz traurig sein.«

»Dann noch gute Besserung. Und vielleicht schaffen wir's mal, dass wir uns sehen, ohne dass Leichen und Schwerverletzte in der Gegend herumliegen.«

»Ach, wär das net richtig fad?«

»Nein, schön! Adieu, Dorli. Gute Besserung. Und lassen Sie

sich von dem Privatschnüffler nicht einlullen. Die haben alle ein paar Schrauben locker.«

»Nicht mehr als die Kripoleut, die fürs halbe Geld die doppelte Arbeit machen!« Lupo sprang vom Bett und reichte Bergler die Hand. »Danke.«

»Wofür?«

»Dass Sie mir geglaubt haben. Sonst wär Dorli vielleicht heute nicht mehr unter uns.«

Leo Bergler machte eine wegwerfende Handbewegung. »War doch wohl Ehrensache, die schöne Jungfrau vor dem Drachen zu bewahren! Obwohl das vermutlich vergebliche Liebesmüh war. Sie hat sich eh gleich drauf wieder einen andern g'funden. Drachen, mein ich.« Er grinste Lupo wölfisch an. »Und jetzt, meine Damen, mein Herr, habe die Ehre.«

Kurz darauf verabschiedete sich auch Lupo, da Dorli vor Müdigkeit kaum noch die Augen offen halten konnte.

»Dorli, wie ich dich beneid!« Lore setzte sich noch kurz an Dorlis Bett.

»Warum? Wolltest auch eine zerschnittene Visage?«

»Geh, red net so an Blödsinn. Aber du hast gleich zwei Verehrer.«

»Bist narrisch? Wen denn?«

»Na die zwei, den Typen vom LKA und den Detektiv aus Wien.«

»Bist damisch? Der eine tragt sein Schädel so hoch, dass er kaum durch die Tür passt. Und der andere hat a Selbstbewusstsein wie a Regenwurm.«

»Da hast immerhin die Wahl zwischen Pest und Cholera.« Lore grinste verschmitzt.

»Danke, Schatzerl. Ich bin schon bedient. Ich bleib lieber allein.«

»Sag, kannst du dir vorstellen, dass der Toni all die Jahr so viele Leute umbracht hat, und niemand hat auch nur den leisesten Verdacht gehabt?«

»Bevor er mir dieselbe Ehre zuteilwerden lassen wollt, hätt ich das nie geglaubt. Dabei war er so erfolgreich mit dem Reiterhof.«

»Denkst, dass der geistesgestört ist?«

»Na ja, Lore, würdest du das als normal bezeichnen, wenn einer in einem Zimmer sein ›Kopfkino‹ aufbewahrt und darin die Köpfe von mindestens zwanzig ermordeten Menschen in Harz eingegossen stehen? Wenn der nicht gestört ist, wer dann? Und jetzt sei so guat und lass mi a bisserl schlafen.«

53

Als Dorli endlich wieder nach Hause kam, führte Idefix-Leo einen Freudentanz auf. Er winselte und sprang an ihr hoch und leckte über ihr Gesicht.

»Ja, du Fellhaufen, du bist ma a abgangen.«

Dorli räumte ein wenig auf. Kaum hatte sie sich mit einer Decke auf die Bank im Wohnzimmer gelegt, läutete es an der Tür. Und in der nächsten halben Stunde versammelte sich praktisch das halbe Dorf bei ihr zu Hause zum Willkommen. Bertl Wagner wartete mit den neuesten Erkenntnissen der Kripo auf.

»Dorli, das wird di ganz besonders freuen. In Tonis Kopfkino fanden sich neben den Köpfen auch Videoaufzeichnungen von einigen Morden. Die sind angeblich so grauslich, dass sie vom LKA sofort unter Verschluss genommen wurden. Und dann lag da noch ein Band bereit, auf dem stand ›Für die Polizei‹. Darauf legt der Meixner ein Geständnis ab. Seine Morde trafen selten Unschuldige, wie er meinte, oder wären direkt eine Erlösung für die Betroffenen gewesen. Aber für die letzten Morde zeichne er nicht verantwortlich, obwohl er sie ausgeführt hat. Eine Frau mit einer Stimme wie die Frau Knackal aus MA 2412 hat ihm einen Kopf und ein Videoband aus seinem Kopfkino geklaut. Er hat den Hias verdächtigt, der kurz vorher bei ihm gewesen ist. Als er ihn zum Schweigen brachte, hat ihn eine völlig unbeteiligte Ausflüglerin dabei überrascht und wollte die Polizei verständigen. Da musste er sie auch erledigen. Und dann hat ihn die Frau, die wirklich seine Sachen gestohlen hat, erpresst. Er musste für sie die Gundl umbringen. Sie behauptete, seine Tochter aus einer flüchtigen Beziehung zu einer Hure namens Gerda Gieswein, besser bekannt als die rote Gerda, zu sein. ›Wer auch immer sie ist, auf ihr Konto gingen die letzten drei Morde‹, waren seine letzten Worte. Damit endete das Band.«

Bertl Wagner setzte sich und nahm sich ein Glas.

»Ganz schön jenseitig, der Typ. Dabei hätt ihn nie jemand in Verdacht gehabt, wenn er nicht den Hias Grebenzer und in der Folge die Frau Dürauer aus Wien umbracht hätt.«

Oberleutnant Leo Bergler war eingetreten, ohne dass ihn jemand bemerkt hatte. »Und jetzt fahnden wir nach Barbara Schöne. Sie ist mit Sicherheit am meisten an Gundl Koflers Tod interessiert gewesen. Ihre Stimme klingt tatsächlich wie die der Frau Knackal, und ihre Mutter schaffte mal eine Zeit lang als Prostituierte im Puff in Langebichl an.«

»Aber sie hat doch ein Alibi. Haben Sie selbst gesagt.«

»Das werden wir genauer hinterfragen. Als Auftraggeberin musste sie zur Tatzeit ja nicht in der Nähe sein.«

Er zog sich einen Stuhl heran und setzte sich neben Dorli. Sie schüttelte sich. »Und was sagt der Meixner jetzt? Warum er die Leut umbracht hat?«

»Seine Rechtfertigung klingt reichlich seltsam. Als Grund nennt er seine schlimme Kindheit. Den grausamen Vater, der ihn gezwungen hat, Tiere zu töten, und dann die Familie im Stich lassen hat.«

»Geh bitte!« Dorli machte eine wegwerfende Handbewegung. »In unserer Generation hat fast jeder irgendwann eine anständige Tracht Prügel ausg'fasst. Deswegen is aber kana a Mörder worden.«

»Na ja, das dürften schon mehr als ein paar Watschen g'wesen sein.«

Leo Bergler sah Dorli forschend an. »Hat er irgendwas gesagt, als er Sie misshandelt hat?«

»Hm. Wie er mich g'schnitten hat, hat er irgendwas g'faselt, dass er sein Vatern a abg'stochen hat.«

»Im Kopfkino hat er ihn nicht aufbewahrt. Aber vielleicht war der Mord am brutalen Vater der Grundstein für seine kriminelle Laufbahn.«

»Und wie hat er seine Opfer ausgewählt?«

Leo Bergler erhob sich. »Nach der leichten Verfügbarkeit. Sie waren entweder sehr jung oder betrunken oder behindert. War keiner in der Nähe, war ein Zugriff fast ohne Risiko.«

»Die Mutter vom Meixner war ja a net ohne«, mischte sich Lore ein. »Die hätt jeden in den Wahnsinn getrieben. Der arme Kerl hat ja nie a Freundin haben können, weil die Alte alle rausbissen hat.«

Dorli wandte sich an Bertl Wagner. »Was hat denn die Gretel Grebenzer g'sagt, als sie erfahren hat, dass ihr geliebter Toni ihren Mann auf dem Gewissen hat?«

»Die Arme hat an Nervenzusammenbruch kriagt. Sie hat immer nur g'schrien: ›Der Toni war's net!‹«

»Mei, die Gretel tuat ma echt leid.« Dorli schüttelte den Kopf. »Der is buchstäblich ihre Welt in Stücke brochen.«

»Glaubt's ihr wirklich, dass die Schöne sei Tochter is?« Lore blickte Leo Bergler fragend an.

»Wir wissen's nicht. Sie hatte zwar ein Alibi für die Tatzeit, aber nachdem jetzt feststeht, dass der Meixner den Mord ausgeführt hat, nützt ihr das nix. Und im Moment ist sie wie vom Erdboden verschwunden.«

»Jetzt tut mir der Kofler schon fast leid.« Dorli grinste so boshaft, dass ihr das niemand abnahm. »Aber eines ist sicher, Bürgermeister wird der nimmer!«

»Da hast wahrscheinlich recht«, meldete sich Lore. »Sie wollen den Schiffi aufstelln. Und den Schuldirektor. Der hat aber schon abg'winkt.«

»Der Schiffi ist zwar auch nicht die größte Leuchte vor dem Herrn, aber wenigstens weiß er das. Und er ist noch ein Mann mit Handschlagqualität. Gibt's denn einen Gegenkandidaten?«

»Nur wenn du dich aufstellen lasst!«

»Ich bin do net blöd!« Dorli ließ ihren Blick in die Runde schweifen. »Leo?«

Oberleutnant Leo Bergler eilte an Dorlis Seite.

»Tut mir leid, aber Sie hab ich nicht gemeint. Wo ist mein Hund?«

»Hieß der nicht mal Idefix?«

»Schon, aber ich find, das passt nicht zu so einem Riesenköter.«

»Ach! Und Leo passt für einen Hund?«

Berglers pikierte Visage erinnerte an Dornröschen, wenn einer seiner gefürchteten Ausbrüche bevorstand.

»Warum nicht? Leo ist doch ein schöner Name!« Lupo trat mit Idefix-Leo neben Dorli.

»Ich war mit ihm gerade draußen. Er hat vor Kogelbauers Hof einen schönen großen Haufen hingeschissen. Und ich hab ihn nicht weggeräumt.«

»Wie schön. Danke!«

»Ich soll dich übrigens herzlich grüßen lassen. Von Anselm de Bontemps und der Wissenschaftlerin, die er gefunden hat und die unser Suchtrupp gerettet hat. Sie lassen ausrichten, dass es ihnen gut geht und sie sich verlobt haben. Und wenn das Jahr in der Antarktis vorbei ist, wollen sie uns unbedingt treffen, um sich persönlich zu bedanken.«

»Na, wenigstens a guade Nachricht.«

»Es tut mir leid, Dorli, aber ich muss jetzt weg. Ich hab einen neuen Auftrag.«

»Ach! Wieder mal in der Antarktis?«

»Net ganz. In Oberstinkenbrunn. Da find ich sogar ohne deine Unterstützung hin.« Lupo trat zu ihr und strich ihr übers Haar. »Pass auf dich auf. Vielleicht brauch ich wieder mal Hilfe.«

»Die brauchst du sicher. Die Frage ist nicht ob, sondern wann.«

Lupos braune Augen leuchteten warm, als er ihre Hand losließ. Dabei fiel Dorli auf, dass er einen neuen Anzug und ein sauberes Hemd trug, seine Schuhe geputzt waren, dazu das Haar ordentlich geschnitten und frisiert war. Eigentlich ein fescher Kerl. Und – er hatte ihr das Leben gerettet.

Sobald Lupo aus der Tür war, trat Lore zu Dorli, mit einem wissenden Lächeln um die Lippen.

»Sag jetzt nix, Lore. Kein Wort! Sonst schick ich den Nächsten, der mit Leo äußerln geht, vor dein Haus.«

Epilog

Jedes Jahr fand an einem Sonntag Mitte September das Pecherfest bei der Pecherkapelle im Wald am Hart statt.
Dorli hatte Lupo eingeladen, an diesem Fest teilzunehmen. Er war mit ziemlich gemischten Gefühlen in sein Schrottauto geklettert und losgefahren.
Seit er Dorli das letzte Mal gesehen hatte, waren drei Monate vergangen, und sie hatten nur gelegentlich telefoniert. Irgendwie hatte er den Eindruck gewonnen, dass sie sich immer mehr von ihm zurückzog.
Er beanspruchte ja keine Dankbarkeit. Aber nach ihrer Rettung hatte er gedacht, dass es ein wenig mehr als nur Sympathie war, die sie ihm entgegenbrachte. Doch die schien sich auf Nimmerwiedersehen verflüchtigt zu haben. Jetzt, auf dem Weg zu ihr, nagte die Angst an ihm, er könnte recht behalten. Noch dazu würde er heute ihre ganze Familie kennenlernen.
Als er aus dem Wald heraus auf die Weite der Hochebene gelangte, lagen die abgeernteten Felder in der prallen Sonne. Dazwischen leuchteten einige quietschgelb. Dorli hatte ihn darüber aufgeklärt, dass dies Senf war. Der wurde als Bodenverbesserer angebaut. Kurz vor dem Frost wurde ein Teil geerntet und der Rest eingeackert. Dadurch wurde der Boden nicht nur gedüngt, sondern auch gegen Erosion geschützt.
Darüber wölbte sich ein blitzblauer Himmel. Der Wald leuchtete in allen Grünschattierungen, mit ein paar gelben und roten Einsprengseln als erstem Gruß vom nahen Herbst. Gerade voraus Hohe Wand und Schneeberg, daneben sanfte dunkelgrüne Hügel, mit Kiefernwald bedeckt. Lupo hielt an und stieg aus. So weit der Blick auch schweifte, nirgends wurde er eingeengt. In der einen Richtung sah man die Berge, auf der anderen Seite, hinter einem Kamm, lag der Neusiedler See. Links davon das Wiener Becken, wo man an klaren Tagen bis in die Slowakei blicken konnte. Er verstand, warum Dorli mit

diesem Flecken Erde so verbunden war. Viel schöner konnte man es auf dieser Welt nicht haben.

Plötzlich holte ihn bestialischer Gestank aus seinen Träumen. Es miefte schon wieder übelkeiterregend nach Mist! Kein Wunder. Denn auf dem nahe gelegenen Feld versprühte ein Tankwagen stinkende braune Brühe in hohem Bogen. Also kein Mist diesmal, sondern Gülle. Roch allerdings genau so übel. Verdammt, konnten die das Zeug nicht irgendwo vergraben?

Er sprang in seinen Wagen, startete und floh, so schnell er konnte. Er bog in die Straße ein, die zum Hart führte. Die hohen Föhren bildeten hier eine Allee. Die sonst so verlassene Straße diente heute als Parkplatz. Musste ja höllisch was los sein, an der Menge der abgestellten Autos gemessen. Er quetschte seinen Wagen in eine Lücke, die gerade so groß war, dass er noch reinpasste.

Lupo stieg aus und hörte es unter seinem linken Fuß knatschen. Mist! Ausgerechnet hier musste eine Wasserlacke sein. Sein frisch geputzter Schuh wurde jetzt durch eine Gatschlinie bis auf halbe Höhe verziert. Lupo hüpfte auf einem Bein beiseite, warf die Autotür zu und tat sein Möglichstes, nicht noch einen Bauchfleck in den Morast hinzulegen.

Mit Hilfe eines Papiertaschentuchs versuchte er den Dreck vom Schuh zu wischen, mit dem Erfolg, dass der nun nicht viel sauberer aussah, dafür seine Hände auch noch schmutzig waren. Heute war wohl nicht sein Tag. Ob er gleich wieder heimfahren sollte? Verärgert wischte er den Schmutz von seinen Händen an die Hosenbeine. Fiel bei einer grauen Jeans vermutlich am wenigsten auf.

Langsam schritt er die Straße entlang, die er mit Dorli einige Male gefahren war. Die hohen Stämme der Föhren wirkten im Gegenlicht fast schwarz. Durch die Äste schimmerte der unglaublich blaue, wolkenlose Himmel. Vögel zwitscherten, Bienen summten, und über allem lag der typische harzige Odem des Föhrenwaldes. Kein Mistgeruch. Aus der Ferne drang Volksgemurmel an sein Ohr. Er näherte sich dem Ort des Geschehens.

Bei der Pecherkapelle waren Tische und Bänke auf der abgesperrten Straße aufgestellt. Daneben Verkaufsstände für Getränke und Speisen. Jede Menge los hier! So viele Einwohner hatten die umliegenden Ortschaften doch gar nicht. Und wie sollte er Dorli da finden?

Er schritt an der Blaskapelle vorbei und hoffte inbrünstig, dass die lange Pause haben würden, während er seine Blicke über die Sitzenden schweifen ließ. Von Dorli keine Spur. Dafür kam Bär auf ihn zu und klopfte ihm auf die Schulter. Doch was er sagte, ging in dem infernalischen Lärm der Kapelle unter, die eben wieder loslegte. Lupo zuckte bedauernd die Schultern und machte, dass er einen größeren Abstand zwischen sich und die Bläser brachte.

Und dann sah er sie. Sein Herz tat einen Satz. Dorli im Dirndl! Er konnte sich nicht erinnern, sie je in etwas anderem als Hosen oder ihrer Bikerkluft gesehen zu haben. Na, das stimmte auch nicht ganz. Einmal war sie fast nackt, als er sie gerettet hatte, und einmal hatte er sie mit Lockenwicklern und im Frotteebademantel überrascht. Aber nie in einem Kleid. Sie sah phantastisch aus. Das halblange kastanienbraune Haar hing ihr über die Schultern, als sie sich zu den Leuten beugte, denen sie gerade Geld abknöpfte. Sie schien etwas zu verkaufen. Dorli richtete sich auf und wollte zum nächsten Tisch weitergehen. Und stand vor ihm.

»Lupo! Wie schön, dass du hier bist.« Sie hauchte ihm ein Küsschen auf die Wange. »Setz dich doch zu meiner Familie. Ich habe noch eine halbe Stunde zu tun. Dann komme ich zu euch.«

Sie bugsierte Lupo zu einem Tisch. »Hallo, meine Lieben, das ist Lupo. Und die Rasselbande da«, sie wies der Reihe nach auf ein paar Leute, »ist meine Familie. Lore, meine Schwägerin, kennst ja schon, Georg, mein unmöglicher Bruder, daneben Lilly und Peter, ihre Kinder, und Opa Brummi, Lores Vater. Ihre Mama ist irgendwo dort beim Kuchenstand. So, und jetzt seid lieb zu Lupo. Nicht dass er mir abhaut, während ich die letzten Wetten annehme.«

»Was denn für Wetten?« Erst jetzt bemerkte Lupo, dass Dorli außer einer Liste und einer Schachtel mit Geld ein Einmachglas mit Bockerln in der Hand hielt.

»Wenn du errätst, wie viele Bockerlsamen da drin sind, kannst einen der drei Preise gewinnen.«

»Hm, das müssen ja Hunderte sein.«

»Nenn mir eine Zahl und setz einen Euro drauf. Dann spielst du mit.«

»Was gibt es denn zu gewinnen?«

»Die Geschenkkörbe, die dort auf dem Tisch stehen. Und der Hauptpreis ist ein Reisegutschein.«

»Na gut.« Lupo zog einen Fünfer aus der Rocktasche. »Fünf Tipps. 999, 1345, 4367, 3588, 6001.«

»Danke schön.«

»Warum so komische Zahlen?« Lilly wunderte sich.

»Na, wenn eine davon richtig ist, hat die sicher kein anderer.«

»Raffiniert!« Die Kleine lachte. »I will auch noch mal, Tante Dorli. I will auch Alleinhabzahlen.«

Lore drückte ihr zwei Euro in die Hand.

»Und was darf's sein?«, fragte Dorli.

»Sag du!« Lilly zeigte auf Lupo.

»5775 und 6453?«

»Ja, super!«

Dorli strich Schein und Münze ein, trug mit ihrer schönen Handschrift die Zahlen sowie Lupos und Lillys Namen in die Liste ein und wanderte weiter zum nächsten Tisch.

»Schön, dass Sie kommen konnten, Herr Schatz«, sagte Lore. »Und nochmals danke dafür, dass Sie und der Bär uns die Dorli gerettet haben.«

»Ich bin auch froh, dass wir noch rechtzeitig kamen. Aber sagen Sie bitte Lupo zu mir.«

»Da müss'ma schon Brüderschaft trinken. Können wir was bestellen?«, rief sie einem Mädchen mit Tablett zu.

Lupo orderte Bier. Und dann stieß er mit allen am Tisch an, auch mit der Frau von Opa Brummi. Der hieß übrigens Werner, doch weil er so eine tiefe Stimme hatte, nannten ihn die Kinder von klein auf Opa Brummi. Klarerweise war seine Frau dann Oma Brummi, obwohl ihre Stimme glockenhell klang. Die Kinder wurden größer, die Spitznamen blieben.

Wenn man Oma Brummi und Lore beobachtete, dann wurde auf der Stelle klar, woher die Tochter ihr überschäumendes Temperament hatte.

»An das wirst di bei der Dorli g'wöhnen müssen, dass sie immer irgendeine offizielle Tätigkeit bei alle Fest'ln ausübt. Sie jammert zwar manchmal, wenn ihr alles z'viel wird. Aber in Wirklichkeit tät ihr was abgehen, wenn's es nicht machen müsst.«

»Bist du a echter Detektiv?«, fragte Peter.

Lupo nickte.

»Und wo is' dei' Puffen? Kann i s' seh'n?«

»Peter, stell nicht solche Fragen!«

»Lass ihn nur, Lore, das ist doch eine berechtigte Frage.« Er wandte sich dem Jungen zu. »Normalerweise trage ich sie im Schulterhalfter. Aber nur in offizieller Mission. Und ein Messer am Knöchel, unter dem Hosenbein.« Er blinzelte Lore heimlich zu, damit sie das nicht ernst nahm. »Aber heut bin ich als Privatperson hier. Alle Waffen sind zu Hause.«

»Schad.« Der Bub machte kurz ein enttäuschtes Gesicht. Gleich darauf zog er mit einer ganzen Schar anderer Jungen davon, in den Wald.

»Hast schon g'hört, was mit der Schöne los ist?«

Lupo wandte sich wieder Lore zu. »Nein. Gibt's was Neues?«

»Das kann man wohl sagen. Sie ist weder Meixners Tochter, noch hat sie ihm den Mordauftrag für die Gundl geben.«

»Und wer war's dann?«

»Eine Frau namens Anita Kraus, ehemals beste Freundin der Gundl. Doch wegen dem Willi war die Freundschaft zerbrochen. Angeblich hat die Anita die Gundl irgendwann mal vor die Entscheidung gestellt, sich entweder für sie oder ihren Mann zu entscheiden. Und die Gundl hat die Frechheit besessen, den Willi zu wählen. Die Anita ist dann auf etliche Jahre aus Buchau verschwunden. Dabei dürfte es ihr nicht allzu gut ergangen sein. Und die Schuld daran hat sie der Gundl gegeben. Der Mord an der Gundl war für die Anita dann die ideale Rache an ihr und ihrem Mann. Sie hat nämlich gehofft, dass man ihn verdächtigen wird. Und dem Meixner konnte sie auch gleich noch eins auswischen, als Draufgab, sozusagen.«

»Ist ja krank! Und wie ist die Polizei darauf kommen?«

»Sie haben Meixners Telefonkontakte überprüft. Da sind sie auf die Anita Kraus g'stoßen. Und die ist wirklich mit dem Meixner verwandt. Das hat ein DNA-Test bewiesen. Wie's ausschaut, hat sie a seine kriminellen Gene g'erbt.«

»A wilde G'schicht. Und was macht die Schöne jetzt?«

»Um die brauchst da ka Sorg machen. Die lasst si vom Willi trösten. Jetzt machen's grad miteinand Urlaub in der Karibik. Dabei is die Gundl net amal drei Monat unter der Erd. Und die Dorli is schon ganz fertig, weil in a paar Tag wird die Schöne wieder im Amtshaus auftauchen. Und der Kofler hat si's a überlegt und wird do wieder kandidieren.«

»Na, da wird die Dorli wirklich a narrische Freud haben.«

»Das kannst annehmen! Übrigens, die Opfer vom Meixner sind jetzt alle identifiziert. Aber der Kinaski Klaus war net drunter.«

»Das ist einerseits gut, andrerseits wird sich so das Rätsel für seinen Bruder weiterhin nicht lösen lassen, was mit ihm damals geschehen ist.«

»Ja, das ist immer noch a komische G'schicht.«

Sie schwiegen eine Weile in trauter Übereinstimmung.

»Jetzt wird's lustig. Jetzt kommt die Volkstanzgruppe.« Lore klatschte in die Hände.

Vor der Blaskapelle nahmen die jungen Leute Aufstellung. Lupo stellte mit Bedauern fest, dass er die Schachtel mit Ohropax nicht in der Rocktasche stecken hatte. Doch als die Musik einsetzte und die Burschen die Mädel herumschwangen, huschte Dorli an seine Seite und setzte sich dicht neben ihn. Die Musik war laut und lustig, die Sonne lachte, die Tänzer machten ihre Sache wirklich gut.

Dorli rief ihm etwas zu, was er wegen des Lärms nicht

verstand. Dann deutete sie, dass sie etwas trinken wollte. Er zuckte mit den Schultern. Er hatte nicht die leiseste Ahnung, welches ihr Glas war. Deswegen reichte er ihr einfach sein Bierglas. Dorli lächelte ihn strahlend an und nahm einen langen Zug.

»Danke!«, schrie sie in sein Ohr. Er legte den Arm um sie. Das fühlte sich wirklich gut an. Besonders als sich Dorli an ihn lehnte. Es war ja doch schön auf dem Land. Unheimlich schön sogar.

Kleines Wörterbuch Österreichisch-Deutsch

a – ein, eine, auch
abg'rauscht – davongefahren
abkragelt – umgebracht
abscherren – abkratzen
Affenbluzer – Affenschädel, Dummkopf
amoi – einmal
an – einen, einem
ana – einer, eine
anlassig – zudringlich
anpechen – Rinde der Föhre entfernen, Rinne machen und Glashäferl montieren
aufklauben – abholen, aufheben, finden
äußerln gehen – Gassi gehen (mit dem Hund)
Bauchfleck – der Länge nach hinfallen
beflegeln – beschimpfen, anpöbeln
Betriaga – Betrüger
Beuln – Beule
blede Blunzen – blödes Weib
bledern – flott fahren
bled wie a Binkel Fetzen – dumm wie Bohnenstroh
Blunzen – Blutwurst
blunzenfett – hackevoll, total betrunken
Bluzer – Kopf, urspr. bauchiges Tongefäß
Bockerln – Föhrenzapfen
brennen – bezahlen
brettern – schnell fahren
Büchl – Buch
Budel – Theke
Busserl – Küsschen
damisch – schwindlig, dumm
dazuschauen – sich beeilen
de – die
deppat, deppert – dumm
des – das
des waß i net – das weiß ich nicht
di – dich
Didi – Kopf

do – doch, hier
Dodel – Dummkopf
eh – ohnehin
einfassen – in ein Gefäß schaufeln
es – ihr
Fassl – Fass
Fiaß – Füße
fix und foxi sein – fertig, todmüde sein
Funsen – eingebildetes dummes Weib
gagerlgelb – quietschgelb, knallgelb
Gas – Ziege (Geiß)
Gatsch – Schlamm
gehatscht – gehinkt
gemützt – geschlafen
Giftpülz – Giftpilz
Goschen – Mund
gottvoll – herrlich
grantig – schlecht gelaunt
Grantscherm – Griesgram
Griass di – Grüß dich; Servus
Häferl – Becher, Tasse
hamdrahn – ermorden
hantig – unfreundlich, herb
haßt – heißt
Hatschen – eigentlich: Schuh, hier: sehr offenherzige Frau
Hätti-wari – hätte ich (das getan), wäre ich (erfolgreicher gewesen).
 Hauptwörtlich gebraucht: einer, der immer einen Grund findet, warum etwas nicht geht.
Heh – Polizei
Hendl – Huhn
herunterradeln – abspulen, zurücklegen
hiebei – daneben, in der Nähe
Hur – Nutte
i – ich
illuminiert – angeheitert
is – ist
jenseitig – abgefahren, durchgeknallt
jö – Ausdruck des Erstaunens
Jössas – Jesus!

ka – kein, keine
kane – keine
Kasler – Käsefüße
keinen Tau – null Ahnung
kenntast – könntest (du)
Kieberei – Polizei
Kirtag – Kirchweihfest
kleschen – (zu-)schlagen (z. B. eine Tür, jmd. eine kleschen)
Krampen – unattraktive, knochige Frau
Krot – Kröte
Kukuruz – Mais
Lachten – Schnittstellen an den Föhrenstämmen, wo angepecht wurde
Lacke – Pfütze
Leberkas – Pferd; weil früher Leberkäse hauptsächlich aus Pferdefleisch gemacht wurde
leiwand – gut
lukrieren – verdienen, einen Erlös erzielen
Lulu – Feigling, wörtlich Urin
ma – mir, wir
Mandeln – Männer (etwas abwertend)
Marandana – Ausdruck der Überraschung (eigentlich: Maria und Anna)
mei – mein; meine Güte
mi – mich
muass – muss
na – nein
narrisch – verrückt
net – nicht
nit – nicht
no – noch
Nocken – Frau (meist in Verbindung mit »beleidigte«, »hysterische«)
no na – natürlich
Oasch – Arsch
Oaschlöcher – Arschlöcher
ochtadochtz'g – achtundachtzig
Ohrwascheln – Ohren
Oider – Alter
Pappen – Mund
Partikel runterarbeiten – Arbeit erledigen (Dienst nach Vorschrift)

pempern – poppen
Pfludern – verächtlich für Frau (wörtlich: Pflaume)
Pneus – Reifen
Puffen – Pistole
Reiben – Rad, Motorrad
Rumsdi – Wow
S' – Sie
Sackerl fürs Gackerl – Tüte für Hundekot
Sakrahaxn – Ausruf des Erstaunens, wie »Heiliges Kanonenrohr!«
Schaffeln – Fässer (meist ohne Deckel)
Scheibtruhe – Schubkarre
schen – schön
schnackseln – vögeln
Schnalle – Klinke
Schnepfen – Frau, ein wenig neben der Spur
Schurl, Schurli – Georg
Schwammerl – (kleiner) Pilz
Seid's wo ang'rennt? – Seid ihr blöd?
Selch – Räucherkammer
si – sich
simma – sind wir
speiben – kotzen, sich übergeben
Spinatwachter – Polizist; nach der früheren Uniform, die grün war
St. Blöden – abschätzige Bezeichnung für die Landeshauptstadt St. Pölten
Stern reißen – stürzen
Striezi – Lauser
tan – getan
terrisch – schwerhörig
Trutschen – zickige Frau
tummeln – beeilen
übernachtig – unausgeschlafen
umanand – umher
Ungustel – widerlicher Kerl
Vettel – altes Weib
Vollkoffer – Vollpfosten, Idiot
Wappler – unbeholfener, tolpatschiger Mann
was is'n – was ist denn
wascheln – stark regnen

Waschperlen – kosmetisches Granulat zur Gesichtspflege. Porentiefe Reinigung, leichtes Peeling, durchblutungsfördernd. Benutzten schon unsere Omas.
was'd – was du (machst), weißt du
wer'ma – werden wir
wurscht – egal
Würschtel – Pferd
Zeger – Tüte, große Tasche
Zenzi – Hinterwäldlerin
z'Fuaß – zu Fuß
Zuaracher – Zuarbeiter, Zureicher
zukleschen – zuschlagen, zuschmettern
zuzeln – saugen

Nachwort

Wer glaubt, in diesem Roman echte Personen wiederzuerkennen, den muss ich herb enttäuschen.
Handlung und Personen, ja sogar die Orte Markt Buchau, Langebichl, Edelbachklamm und Reinhof sind pure Erfindung. Meines Wissens nach gibt es auf dem Hart zwischen Piesting und Hernstein auch keine unterirdischen Höhlen und weitverzweigten Gänge. Solche findet man in der Nähe der Hohen Wand.
Ab 1815 gab es in und um Wiener Neustadt zahlreiche Produktionsstätten für Schießpulver und primitive Raketen. Den Höhepunkt der Expansion erreichte die »Wöllersdorfer Feuerwerksanstalt« in den Jahren von 1914–1918 mit rund 40.000 Beschäftigten. Ab 1933 wurde dort ein Anhaltelager für Regimekritiker eingerichtet, ab 1938 wurde das Areal von den Nationalsozialisten als »Luftrüstungszentrum und Luftwaffendrehscheibe Süd/Ost« forciert ausgebaut, zum Teil mit unterirdischen Fabrikationsstätten für Waffen und Hangars zum Bau und zur Instandhaltung von Flugzeugen. Die Häftlinge mussten in den Werken Zwangsarbeit verrichten. Die weitläufigen Anlagen wurden im letzten Kriegsjahr durch anhaltendes schweres Bombardement weitgehend zerstört. Einzelne, heute von der Natur zurückeroberte Ruinen und Eingänge zu verschütteten Anlagen existieren noch.
Real sind der Pecherhof in Hernstein, die Harzgewinnung, die Pecherkapelle (Vinzenzkapelle) am Hart, die Werkzeuge, das Pecherfest und die wunderschöne Landschaft.
Selbstverständlich sind auch die Erlebnisse der Gemeindesekretärin Dorli keine Chronik der Vorkommnisse in unserer Gemeinde, sondern reine Fiktion! Außerdem wissen wir: Solche Sachen passieren prinzipiell immer woanders.
Wer regelmäßig Zeitung liest, wird verstehen, warum ich den Filz und die Verflechtung von privaten und politischen

Interessen ins Spiel gebracht habe. Ganz bewusst habe ich die handelnden Personen keiner Partei zugeordnet. Da mag sich jeder Leser selbst sein Bild basteln. Die Mauscheleien sind ja auf keine Partei beschränkt, sondern finden meist dort statt, wo eine Gruppierung über lange Zeit das uneingeschränkte Sagen hat und die Kontrollen nicht unabhängig sind oder überhaupt fehlen.

Reale Orte in der Umgebung sind Hernstein, wo der Pecherhof liegt, Piesting, das für Jahrzehnte tatsächlich das Zentrum der Harzverarbeitung war, sowie Berndorf, Baden, Gutenstein und Pottenstein und die niederösterreichische Landeshauptstadt St. Pölten, von bösen Menschen manchmal auch als St. Blöden bezeichnet.

Danksagung

Mein besonderer Dank gebührt Richard Schreieck, dem Betreiber des echten Pecherhofes in Hernstein, einem kernigen Tiroler Naturburschen, der zum Glück keinen verschwundenen Bruder hat und bislang auch keine abgetrennten Gliedmaßen in seinen Pechfässern entdecken musste. Möge es so bleiben! Er hat mir mit seinem umfassenden Wissen über die Pecherei, den Wald und die Vorgänge darin zu jeder Jahreszeit viel mehr vermittelt, als Eingang in diesen Krimi gefunden hat. Sollte ein Detail nicht exakt der Wirklichkeit entsprechen, so liegt der Fehler allein bei mir.

Herzlicher Dank auch an
– meine Testleser Magdalena Adam, Eva Haberzettel und Manfred Wasshuber. Ihre konstruktive Kritik hat mir sehr geholfen.
– das Team von Emons, das von der Geschichte überzeugt war und deren Umsetzung erst möglich machte.
– Carlos Westerkamp, der mich mit viel Liebe und Geduld unterstützt, sich durch die österreichische Mundart gekämpft und diesem Krimi den letzten Schliff verpasst hat.